주주 자본주의의 배신

주주 자본주의의 배신

주주 최우선주의는 왜 모두에게 해로운가

린 스타우트 지음

우희진 옮김 | 류영재 해제

북돋움COOP

주주 최우선주의를 정확하게 이해할 가장 좋은 기회

송옥렬(서울대 로스쿨 교수)

린 스타우트Lynn Stout 교수의 책이 한국어로 번역되어 출간되니 매우 반갑다. 이분을 직접 만난 적은 없지만, 유학 시절 그리고 교수가 되어서도 즐겨 읽던 논문 가운데는 늘 린 스타우트 교수의 글이 있었다. 왜 증권시장이 카지노와 같은가를 이론적으로 분석해놓은 논문은 읽으면서 여러 차례 감탄한 기억이 있다. 기업 이론에 관한 흥미로운 논문도 여럿 있다. 이 책과 비슷한 시기에 나온 《양심 키우기Cultivating Conscience》 역시 기존의 성악설에 기초한 법경제제학에 경종을 울리는 책으로서, 언젠가는 우리나라에서도 번역되기를 기대한다. 두 책 모두, 냉정한 그리고 우울한 학문인 경제학의 틀 안에 있기는 하지만 이분만이 가진 따뜻한 마음이 전해지는 책이다.

이분의 글은 항상 직선적이고 읽기 쉬우면서도, 아주 많은 정보를 담고 있다는 미덕을 가지고 있다. 특히 비판 대상에 대한 충실히고 정확한 분석은 좋은 귀감이 된다. 그래서 이분의 글을 읽다 보면 오히려 그 비판 대상에 대해서 정확하게 이해하는 경험을 하게 된다. 이 책도 예외가 아니다. 이 책은 뎀세츠Demsetz로부터 출발하여, 젠슨Jensen과 메클링Meckling, 이스터브룩Easterbrook과 피셸Fischel, 그리고 최근의 한스만Hansmann과 크라크만Kraakman에 이르기까지 미국의 주류적 기업법 논리를 충실하게 다루고 있다. 물론 이 책은 이런 주류적 입장을 비판하는 것이지만 독자들은 이 책을 읽고 나면 덤으로 미국 학계의 최신 동향에 대해서 정확한 내용을 알게 될 것이다. 이중 주식 구조, 시차 이사회 제도, 포이즌 필 등에 대한 실증 연구는 여전히 미국 기업법에서 논쟁이 되고 있는 것들이다.

이 책은 주주 최우선주의를 비판하고 있다. 놀랍게도 이 논쟁은, 원서가 출간된 지 10년 가까운 시간이 지난 지금 기업법과 재무학에서 가장 뜨거운 화두이다. 즉 기업의 목적이 무엇인가 또는 무엇이어야 하는가에 관한 문제인데, 미국의 주주 최우선주의에 대항하여 주로 유럽의 학계를 중심으로 ESG 또는 이해관계자 자본주의가 강조되는 양상을 보이고 있다. 이 논쟁의 중심적인 논거는 이 책에 자세하게 설명되어 있다. 독자들은 10년쯤 전의 논의를 통하여 현재 벌어지는 논쟁을 이해하는 진기한 경험을 하게 될 것이다. 린 스타우트 교수는 이렇게 세상을 앞서갔다.

이 책이 워낙 직선적으로 주주 최우선주의를 비판하고 있기 때문에 노파심에서 독자들이 간과하기 쉬운 점을 두 가지만 지적하고자 한다. 우선 이제는 이 책에서 묘사하고 있는 식으로 주주 최우선주의를 극단적으로 옹호하는 입장은 별로 없다는 점이다. 구글에서 마틴 슈크렐리Martin Shkreli를 검색해보면 청문회에서 당당하게 자신을 변호하는 사진을 찾을 수 있다. 한 헤지펀드가 에이즈 치료약을 생산하는 기업을 염가에 매수한 다음 치료제 가격을 대폭 인상하여 막대한 이익을 얻는데, 바로 그 주인공이 슈크렐리이다. 청문회에서 그는 도대체 자신의 잘못이 무엇인지 모르겠다는 표정을 짓고 있다. 주주에게 이익이 되는 당연한 정책이었다는 것이다. 이 책에서 공격하는 월가의 탐욕이 그 표정에서 그대로 드러난다. 그러나 이 책에서도 잘 지적하고 있는 것처럼, 이것은 주주도 원하지 않을 것이다. 다행히 현재 주류적인 입장은 주주 이익을 슈크렐리처럼 이해하지는 않으며, 이 책과 같이 정말로 주주가 원하는 것과 비슷한 방식으로 이해한다. 독자들은 이 책의 후반부에서 다루는 내용, 즉 진정으로 주주가 원하는 것에 대한 설명에 더 주목하면 좋을 것이다.

더 중요한 부분은 미국과 우리나라의 차이에 관한 것이다. 이 책에서 다룬 여러 제도와 실증 연구는 미국을 대상으로 한 것이지 우리나라를 대상으로 한 것은 아니다. 우리나라는 여러 면에서 미국과 다르다. 예를 들어 이중 주식 구조, 시차 이사회 제도, 포이즌 필 같은 제도는 한국 기업법에서는 불가능하거나 미국과 다른 방식으로 작동한다. 대신 우리나라에는 미국에서는 전혀 알지 못하는 여러 문제들, 특히 재벌 구조와 관련된 문제들이 존재한다. 예를 들어 린 스타우트 교수는 일감 몰아주기나 경영권 승계 같은 것은 알지 못했을 것이다. 이사회나 주주총회도 분위기가 다르다. 무엇보다 한국은 아직 주주 이익조차 충분히 강조되거나 보호되지 못하고 있는 것은 아닌지 하는 생각이 들 때가 많다. 지배 주주의 잘못인 경우도 많지만 정부나 정치권이 자신의 회사인 양 주주 이익, 나아가 기업 가치를 훼손하는 경우도 본다. 따라서 이 책에서 다루는 내용을 우리나라에 적용하는 데는 항상 주의가 필요하다.

　사회과학을 하는 학자의 가장 중요한 덕목은 남과 '다르게' 생각할 수 있어야 한다는 것이다. 설득력 있게 쓰인 '다른' 생각을 읽는 것은 학문을 하는 가장 큰 즐거움이다. 린 스타우트 교수의 글은 미국 학계에서도 이런 점에서 늘 높게 평가받았다. 이 책에서도 그런 설명이 곳곳에 등장한다. 이런 곳에서는 잠시 책을 읽는 속도를 줄여서 찬찬히 읽은 다음, 기존의 논리와 이 책의 비판을 다시 확인해서 내 생각을 정리하는 시간을 가졌다. 개인적으로도 즐거웠고 생산적인 시간이었다. 독자들도 오늘날 벌어지는 중요한 논쟁을 쉽게 이해할 수 있는 좋은 기회가 될 것이다. 무엇보다도 잘 쓰인 책을 읽는 즐거움을 제공할 것이라 확신한다.

주주 자본주의와 이해관계자 자본주의, 우리는 어디에 서야 할까?

류영재(한국기업거버넌스포럼 회장, 서스틴베스트 대표)

이 책의 후반부에서 저자 린 스타우트는 존 메이너드 케인스의 유명한 말을 인용했다. "경제학자와 정치 사상가의 사상은 옳건 그르건 간에 우리가 생각하는 것보다 훨씬 강력하다. 사실 이 세상은 극소수에 의해 움직인다. 현장에 있는 사람들은 자신이 어떤 지성의 영향에서 상당히 벗어나 있다고 믿지만, 항상 죽은 경제학자의 노예일 뿐이다."

나는 이 책을 읽으면서 한국 자본주의가 오래전에 죽은 경제학자들의 사상을 여과 없이 수용하며, 여전히 그것에 지배당하고 있지는 않은지 생각해보게 되었다. 그중에서도 "기업의 목적은 무엇인가?" "기업은 누구를 위해 복무해야 하는가?"라는 근원적이고도 묵직한 물음들에 대해 우리는 얼마나 치열한 담론 전개를 통해 우리 사회 구성원들이 공감할 수 있는 우리만의 독창적 해답을 찾으려고 노력했는지 자문하지 않을 수 없었다. 혹여 "기업의 목적은 주주 가치를 제고하는 것"이라는 서구 어느 경제학자의 주장을 피상적으로 이해하며 추종하고 있지는 않은지 점검해 볼 필요도 있다고 생각했다.

돌아보면 1997년 발생한 외환 위기는 한국 경제에 한 획을 그은 일대 사건이었다. 당시 한국 정부는 국제통화기금IMF의 구제금융을 받는 조건으로 재정 긴축, 금융 규제 완화, 공기업 민영화, 자본시장의 개방이라는 극약 처방을 받아들여야만 했다. 이후 개방된 자본시장 경로를 통해 외국인 투자자들이 물밀듯이 들어오고, 연이어 주주 친화적 기업 지배 구조 개선, 즉 주주 자본주의라는 개념 역시 밀물처럼 유입되었다. 주주 최우선 경영은 한국 자본주의를 IMF의 질곡과 나락에서 건져 올릴 것처럼 알려졌다. 이후 국내를 대표하는 한 시민단체를 중심으로 소수 주주권 강화를 주장하는 목소리가 번져나갔다. 이 과정에서 '주주 중심의 경영 모델' 또는 '주주 자본주의'는 보편성과 합리성을 갖춘 절대적 개념으로 한국 자본주의에 과도하게 홍보된 측면도 있었다고 보인다.

그러나 우리의 상황이 위중하고 긴박하다 보니 기업 지배 구조 담론 과정에서 기업의 본질 및 목적에 대한 근원적 논의가 간과된 측면이 있다. 다양하고 이질적인 소수 주주들 중 어느 특정의 주주에게 주목하여 정책을 설정해야 할지에 대한 고찰도 부족했다. 그럴 여유조차 없었다는 것이 적절한 표현일지도 모른다. 대신 그와 관련되어 서양 사회에서의 담론을 기반으로 축적되었던 개념들이 국내에 피상적으로 수입될 수밖에 없었다. 이 책에서 소개되었듯이 미국에서는 1932년 "기업의 목적은 무엇인가?"라는 주제를 놓고 대논쟁이 벌어진 바 있다. 당시 기업법 최고 전문가이자 〈현대 기업과 사유 재산〉의 저자인 컬럼비아대 로스쿨의 아돌프 벌과 하버드대 법학 교수인 메릭 도드가 그 논쟁의 당사자였다. 논쟁은 〈하버드 법률 리뷰〉를 통해 전개되면서 세간의 이목을 집중시켰다. 벌은 주주 중심적 기업 경영을 강조했지만 도드는 이에 동의하지 않았다. 도드는 상장기업의 목적은 주주를 위해 돈을 버는 것을 넘어서서 임직원에게 안정적인 일자리를 제공하고, 소비자들에게 좋은 품질의 상품을 판매하며, 사회에 기여하는 것까지를 포함해야 마땅하다고 주장했다. 그러나 그 논쟁 이후 20년쯤 지나 벌이 도드의 주장에 동의하면서, 잠시동안 주주 중심 경영이 퇴조하고 이해관계자 중시 경영이 전면에 나서는 듯했다.

하지만 벌 교수가 이해관계자 중심주의를 받아들이고 항복 선언을 한 이후 수십 년이 지나자 또다시 주주 최우선주의가 발흥했다. 노벨 경제학 수상자인 밀턴 프리드먼이 전면에 나선 것이다. 프리드먼은 1970년 〈뉴욕 타임스〉 일요판에 "주주들이 기업을 소유하기 때문에, 기업의 유일한 사회적 책임은 이익을 늘리는 것"이라고 강변했다. 또한 저명한 경제학자 마이클 젠슨과 윌리엄 메클링은 한 논문을 통해 "주주가 기업의 주인Principals이며, 이들이 이사와 경영진을 고용해 주주의 '대리인Agents'으로서의 역할을 담당하게 한다"고 설명했다. 이 설명에는, 경영진이 추구해야 할 것은 오직 주주의 이익이지 이해관계자들의 이익은 아니라는 주장이 함축되어 있었다.

이후 '주인인 주주-대리인 이사' 프레임은 90년대를 관통하며 전 세계 기업과 자본시장으로 번져나갔다. 이 프레임은 유명 경영대학원과 로스쿨 등을 통해 흡사 전가의 보도처럼 전해졌다. 이 무렵 우리는 IMF 사태를 겪으며 당시 전 세계를 풍미했던 주주 중심적 기업 지배 구조 사조의 세례를 흠뻑 받았다. 선술했듯이 그것이 우리나라 맥락과 특성에 얼마만큼 부합하느냐의 문제는 부차적인 것이었기에 논의에서 배제된 감이 있다.

그렇다면 주로 영미에서 발전된 주주 중심적인 기업 지배 구조, 즉 주주 자본주의를 한국 자본주의에 투영할 경우 어떤 시사점을 발견할 수 있을까? 일반적으로 영미에서 발견되는 기업 지배 구조 문제의 양태와 한국에서의 그것에는 차이점이 존재한다. 일반화해서 보자면, 소유와 경영이 분리된 영미 기업들에서 발생하는 지배 구조 문제는 주로 경영에 무관심한 주주들과 사익을 추구하는 대리인들에게서 기인하지만, 한국에서는 경영에 무관심한 소수 주주들과는 달리, 이사회와 경영진을 완전히 장악하고 있는 이른바 오너 일가인 지배 주주들의 문제에서 주로 기인한다. 따라서 국내에서는 지배 주주의 관점에서 보면 이사회의 대리인 문제Agency Problem가 발견되지 않지만, 소주 주주인 비지배 주주들 입장에서는 그들의 이익이 대변되지 않는 대리인 문제가 주로 발생한다. 2015년 일어났던 삼성물산-제일모직 합병 사건은 지배 주주들의 경영권을 강화하기 위해 비지배 주주들의 이익을 훼손한 대표적인 사례라고 할 수 있다. 부연하자면 그 사건은 지배 주주들과 비지배 주주들 간 이해가 충돌하는 상황에서 이사회가 일방적으로 지배 주주들의 손을 들어준, 우리나라 기업 지배 구조의 기울어진 운동장 문제의 전형이었다.

또한 이 책에서도 설명했듯이 '주주 가치'를 말할 때 주주란 일반화하기 어려울 정도로 투자 성향 등에서 매우 다양하고 이질적이다. 예컨대 주주들마다 주식 보유 기간Time horizon이 다르고, 가치관과 관심 사항도 다르다. 경영권을 유지하기 위한 목적으로 주식을 장기 보유하는 지배 주주들이 존재하는 반면, 경영권에 무관심하며 상대적으로 단기 보유하는 비지배 주주인 소수 주주들이 존재한다. 비지배 주주들 중에서도 국민연금 기금과 같이 초

대형 장기 기금으로 높은 지분율을 보유한 주주들도 있지만, 그 대척점에는 데이 트레이딩을 하며 단기 차익을 추구하는 소액 주주들도 있다. 주주 중에는 고배당과 자사주 매입 소각 등을 주장하며 단기적인 주가 상승을 목적으로 투자하는 그룹도 있지만, 기업 보유 현금을 연구 개발, 신규 사업 투자, 인수 합병 등에 배분함으로써 기업의 잠재력 제고 및 지속 가능한 성장을 추구하는 그룹도 있다. 한편 주주 중에는 이해관계자 배분 비용, 기업 브랜드 제고, 환경 부하 저감을 위한 투자 등을 낮춰 배당 재원이 확대되기를 희망하는 그룹도 있지만, 그 반대의 입장을 취하는 주주들도 얼마든지 존재할 수 있다. 그러나 주주 최우선주의자들은 이렇게 다양한 주주라는 존재를 '근본적으로 오직 한 가지 관심만을 가진 갈등 없는 집단'으로 쉽게 규정해버린다.

그렇다면 주주의 이익을 최우선으로 하는 주주 자본주의의 폐해 및 이해관계자 배제 등의 문제점들을 보완하면서 결국 주주들에게도 장기적으로 이익을 가져다줄 수 있는 대안적 절충점은 없을까? 이 책의 저자도 언급했듯 나는 유니버설 오너십Universal Ownership 철학에 근거한 장기주의와 '이해관계자를 고려하는 주주중심주의'가 그 대안이 아닐까 생각한다.

먼저 유니버설 오너십을 갖고 있는 주주는 무엇을 뜻하는지 생각해보자. 유니버설 오너십 투자는 국민연금 등 공적 연기금이나 그 밖에 공공적 성격의 기금을 통한 투자를 뜻한다. 이들 자금의 소유주Beneficiary는 여러 이해관계자들이 모두 망라된 국민들이다. 예컨대 국민연금 약 2,000만 가입자 중에는 기업 오너 및 임원, 소상공인, 종업원들까지 다양한 사람들이 있으며, 그 밖에 협력 업체, 소비자, 시민단체 등까지 여러 이해관계를 갖고 있는 주체들이 포함되어 있다. 따라서 국민연금 기금의 투자는 여러 이해관계자에 대해 포용적이며 그들을 배려하는 투자를 하는 것이 그들 기금 소유주의 이익에 부합한다. 또한 이들 자금의 성격도 일반 펀드와는 차별화된다. 즉 규모가 크고 투자 기간 또한 장기적이다.

이들은 장기간의 분산된 포트폴리오를 투자·보유함으로써 특정 기업이나 특정 산업만의 주주가 아닌 자본시장 전체의 주주가 된다. 따라서 이들의 장기 기금 수익률은 특정 섹터나 특정 기업의 단기 성과에 좌우되는 것이 아니라 국민 경제 전체의 장기 성과와 연동되는 구조이다. 예컨대 이들의 투자 포트폴리오 기업들 중에는 생보사, 완성차 업체, 음식료회사, 증권사, ICT 기업 등이 포함되어 있다. 한마디로 이들은 특정 섹터나 특정 기업의 주식을 매입하는 것이 아닌 국민 경제 전체를 매입하는 것이고 국민 경제의 발전 수준과 그들의 투자 성과는 연동된다.

상황 하나를 가정해보자. 어떤 유니버설 오너 투자자가 A 완성차 회사와 B 생보사 주식을 동일한 금액만큼 보유하고 있다. 이들이 보유한 A사가 단기 이익 극대화를 위해 친환경 기술 개발에 충분히 자금 배분을 하지 않았다면 그만큼 영업 이익률이 증대될 수 있다. 여기서 만일 A사가 생산한 자동차의 매연 저감 장치 성능에 문제가 발생하면 도시의 대기 오염을 일으키고 그것은 결과적으로 시민들의 호흡기 건강을 해칠 수 있다. 이러한 현상들이 장기적으로 발생하면 결국 시민들에게 폐 질환 등 중증 질병을 유발하고 이것은 그들이 보유한 B 생보사의 수지를 악화시킬 수 있고, 또한 의료보험 재정 악화를 가져온다. 따라서 모든 섹터의 주식을 장기적으로 보유하는 유니버설 오너 투자자들은 민간 펀드와 달리 새로운 관점과 접근법으로 투자해야 한다. 즉 해당 포트폴리오 기업의 외부화Externality 수준이나 시장 실패 요인이 존재하는지 여부를 파악하고 필요한 경우 주주 관여도 해야 한다. 이것이 요즘 뜨거운 이슈 중 하나인 ESG(환경, 사회, 지배 구조) 이슈를 고려한 투자 방법론인 동시에 연금의 스튜어드십Stewardship 투자인 것이다.

다시 처음의 질문으로 돌아와 그것에 응답해보자. 즉 "기업은 누구를 위해 복무해야 하는가?" 나는 한국 자본주의 특성을 고려할 때, 70년대 이후 영미를 중심으로 발전되어온 '주인-대리인' 프레임하에서의 주주 자본주의에서도, 유럽에서 발전한 이해관계자 자본주의에서도 그 해답을 찾기 어렵다고 본다. 그렇다면 그 해답을 어디서 찾아야 할까? 나는 양자의 개념을 절충한 지점에서 대안을 찾고자 한다. 왜냐하면 주주 중심주의와 이해관계자 배려는 미시적이고 단기적으로 볼 때는 상충하지만 장기적 관점에서는 상호 보완적 관계라고 보는 까닭이다. 종업원이 불행하다고 느끼고 소비자 불만이 고조된 기업의 경영 성과가 좋을 리 없고, 결과적으로 해당 기업의 주주 또한 행복할 수 없다는 것은 자명한 이치가 아닐까? 따라서 길게 보면 두 개념은 다른 표현의 같은 주장이라고 볼 수도 있다. 요즘 들어 ESG 투자가 주목받는다. 한국 자본주의에서도 ESG 투자 정신으로 무장한 유니버설 오너 주주들이 등장하고 이들과 기업이 긴밀히 소통하며 기업은 그들과의 소통을 통해 자신들의 기업 지배 구조를 발전시키고 정립해 나간다면 기업도 윈, 사회도 윈 하는 한국 자본주의의 이상적 모델이 완성될 수 있다고 믿는다. 이것이야말로 단기적인 주주 자본주의를 보완하는 보다 계몽된 주주 자본주의이며, 죽은 경제학자들의 주주 가치 신화를 떨쳐내고 그들의 노예 신분에서 벗어나는, 진정한 한국 자본주의의 독립 선언이 아닐까?

서문

　1980년대에 내가 로스쿨에 다닐 때 교수님들은 주주가 기업을 '소유하며' 기업의 목적은 '주주 가치Shareholder value를 극대화하는 것'이라고 가르쳤다. 막 대학을 졸업해서 비즈니스의 세계를 잘 몰랐던 나는 그 말이 맞다고 생각했다. 그래서 처음 기업법을 가르치고 그에 대한 글을 막 쓰기 시작했을 때, 주주 가치라는 개념을 수업과 연구에서 자연스럽게 사용했다.

　그런데 얼마 지나지 않아 이런 접근에 뭔가 문제가 있다는 생각이 들기 시작했다. 기업법 판례들을 읽으면 읽을수록 미국의 기업법은 기업이 주식 가격이나 주주의 부를 극대화할 것을 의무로서 강제하지 않는다는 것을 알게 되었다. 나는 당황했고 심지어 화가 났다. 주주 가치라는 개념은 법률 분야와 금융 분야, 경영 분야 전문가들에게 거의 아무런 의심 없이 받아들여지고 있던 터였으니 말이다. 나는 스스로 묻지 않을 수 없었다. '그렇다면 기업이 주주 가치를 추구하도록 의무화하면 될 텐데 현실의 기업법 규정에서는 왜 그것을 의무화하지 않는 것일까?'

1995년, 나는 마침 워싱턴 DC 브루킹스 연구소의 방문 연구원으로 일하게 되었다. 거기서 운 좋게도 기업을 연구하는 경제학자 마거릿 블레어Margaret Blair를 알게 되었다. 블레어는 내 질문에 대한 기발한 답을 제시해주었다. **'어쩌면 기업법이 옳고 전문가들이 틀린 것 아닐까?'** 기업 이사들이 주주 가치를 극대화할 의무가 없는 데에는 그럴 만한 이유가 있을 것 같았다.

그때 블레어와의 대화를 시작으로 나는 거의 20년에 걸쳐서 '기업의 목적은 무엇인가?'라는 질문을 탐구하게 되었다. 주주 가치라는 개념에 문제가 있는 것 같다는 나의 육감은 엔론 사태가 터지면서 확실해졌다. 엔론은 오직 주가를 올리는 데에만 혈안이되어 '바람직한 지배 구조'의 귀감을 보이다가 2000년 사기와 스캔들로 무너졌다.

나는 때로는 혼자, 때로는 블레어와 함께 기업의 목적이 무엇인지 묻는 논문들을 발표했고, '주주 최우선주의'의 이론적인 혹은 실증적인 타당성에 의문을 제기하는 다른 연구들을 찾아보았다. 또 한편으로는 영리기업과 비영리기업의 자문 역이나 이사로서 비즈니스 세계에 직접 참여했다. 기회가 있을 때마다 내가 만나는 기업의 임원, 기업 변호사, 개인과 기관 투자자들에게 기업이 실제로 어떻게 운영된다고 생각하는지 물었다. 그들의 답변을 들으면 들을수록 '주주 가치 극대화maximization of Shareholder value'라는 것이 앞뒤가 안 맞고 오히려 역효과를 내는 사업 목표라는 의심이 커졌다.

단도적입적으로 말하면 소위 주주 가치를 우선시하는 경영은 대부분의 기업에 좋을 것이 없고 오히려 큰 실수를 저지르는 것이다. 주주 가치를 우선시하면 경영자들은 장기적인 성과를 낼 기회를 희생시키고 근시안적으로 단기 성과에만 집중하게 된다. 즉 투자와 혁신을 무산시키고 직원들과 고객, 사회 공동체에 피해를 주며 기업이 무모하고 반사회적이고 사회적으로 무책임한 행동들을 주저하지 않게 한다. 결국 소비자, 직원, 사회 공동체, 투자자 모두에게 좋을 것이 없다.

바로 그 이유를 설명하려고 이 책을 쓰게 되었다. 이 책은 1차적으로는 법률 전문가와 비즈니스 전문가를 위해 썼지만 기업의 임원, 투자자, 이 분야에 관심이 있는 일반인도 이해할 수 있도록 썼다. 사실 기업이 왜 지금처럼 운영되는지, 그리고 어떻게 하면 더 나은 방식으로 기업이 운영되게 할 수 있을지에 관심이 있는 독자라면 누구라도 도움이 될 것이다.

이 책을 쓸 때 이들이 아니었으면 도저히 책을 끝낼 수 없을 정도로 여러 분이 감사하게도 아이디어와 조언을 주고 지지해주셨지만, 특히 슬론 재단의 랠프 고모리와 게일 페시나, 애스펀 연구소의 주디 새뮤얼슨, 베럿-콜러 출판사의 스티브 피얼산티와 훌륭한 직원 분들께 감사드린다. 이 책은 그분들의 책이기도 하다.

2012년 2월 린 스타우트

차례

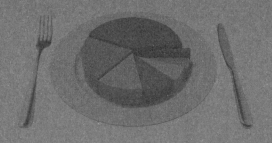

서론

세상에서 가장
멍청한 아이디어

딥워터 호라이즌은 원유 굴착 장비인데 제조 원가가 3,300만 달러가 넘는 거대한 해상 부유식 구조물로 바닥부터 꼭대기까지의 높이는 축구 경기장과 맞먹는다. 2010년 4월 20일 밤, 딥워터 호라이즌은 BP(브리티시 퍼트롤리엄) 사의 주문으로 마콘도라고 명명된 멕시코만의 유전 탐사 작업을 마무리하는 중이었다. 그런데 갑자기 거대한 폭발이 일어나 이 굴착 장비가 요동치더니 단 몇 분 만에 불기둥이 되어 거의 이틀 동안 불탔고, 결국 멕시코만 밑바닥으로 무너져내렸다. 그러는 동안 마콘도 유전은 멕시코 걸프해의 바닥에 매일 1만 배럴의 원유를 쏟아냈다. 2010년 9월 유전을 막을 때까지 마콘도 유전의 원유 분출은 역사상 최악의 원유 유출 사건으로 추정되었다.[1]

딥워터 호라이즌 사태는 굴착 장비와 11명의 사망자뿐만 아니라 BP 사에도 어마어마한 비극이었다. 2010년 6월 BP는 정기 배당 지급을 중단했고 사고 전 주당 60달러 수준이던 BP 보통주 주가는 30달러 아래로 곤두박질쳤다. 그 결과 BP의 시가 총액이 거의 1천억 달러 줄어들었다. 괴로운 사람들은 BP 주주들만이 아니었다. BP의 신용 등급이 우수 등급인 AA에서 거의 가치 없는 수준인 BBB로 떨어지면서 회사채 가치도 폭락했다. 걸프해에서 추가로 계획되었던 심해 시추에 대해 정부가 모라토리엄을 선언하면서 다른 석유회사들의 계획도 중단되었다. 걸프해에서 어업과 관광 사업에 종사하던 사람들은 생활이 어렵게 되었다. 마지막으로 걸프해의 생태계야말로 엄청나게 파괴되었고 그 피해 규모는 오늘날까지도 다 파악되지 않았다.

BP의 딥워터 호라이즌 원유 유출과 연안 시추에 관한 국가 진상조사위원회의 수개월에 걸친 조사 결과, 마콘도 유출 사고는 비용 절감을 위해 안전 수칙을 무시한 BP 임직원과 협력 업체들의 여러 결정 때문인 것으로 결론이 났다. (원유 유출 직전 마콘도 프로젝트는 이미 계획보다 한 달 이상 지연되고 있었고, 예산을 거의 6천만 달러 초과했으며, 하루 지연될 때마다 약 100만 달러의 추가 손실이 발생하는 것으로 추정되었다.[2]) 그런데 BP가 시간과 돈을 절약하기 위해 안전을 희생시킨 것은 이것이 처음이 아니었다. 국가 진상조사위원회

는 'BP의 안전상 과실은 만성적'이라고 결론 내렸다.[3]

주주 가치 이데올로기

왜 수준 높은 세계적 기업이 그런 엄청난 손실을 초래한 실수를 저지르게 되었을까? 하루 100만 달러를 절약하기 위해 마콘도 유전에서 안전 수칙을 소홀히 취급하는 바람에 BP는 주주에게만 해도 1,000억 달러에 육박하는 훨씬 더 큰 손실을 입혔다. 필요한 안전 수칙을 지키느라 1년이 더 걸렸다고 하더라도 BP에 이렇게 큰 피해를 가져오지는 않았을 것이다. 그 도박은 BP 스스로에게도 어리석은 짓이었다.

이 책에서 나는 딥워터 호라이즌 재난이 오늘날 수많은 상장기업이 직면한 더 큰 문제의 한 예에 불과하다는 것을 밝히려고 한다. 그 문제는 소위 말하는 주주 가치라는 사고방식이다. 주주 가치의 원칙에 따르면, 상장기업은 그 주주들의 '소유'물이며, 오로지 주주의 부를 극대화하기 위해 존재한다. 주주의 부는 대체로 주식 가격으로 측정되는데, 내년 또는 10년 후의 주가가 아니라 바로 오늘의 주가로 말이다.

주주 가치라는 개념은 오늘날 비즈니스 세계에 팽배해 있다.

50년 전에 대규모 상장기업의 이사나 최고경영자에게 기업의 목적이 무엇인지 물었다면 아마 다양한 답변을 들었을 것이다. 즉 자본 투자자에게 알찬 수익을 안겨주어야 하지만 또한 훌륭한 상품을 만들고, 임직원이 생계를 괜찮은 수준으로 유지하도록 책임지고, 사회와 국가에 기여해야 한다고 대답했을 것이다. 하지만 같은 질문에 대해 오늘날 우리가 들을 수 있는 대답은 아마도 단 하나뿐일 것이다. 주주의 부를 극대화하는 것! 이러한 사고방식 때문에 이사와 경영진은 BP처럼 주가를 올리는 데에만 무모하게 집중하여 기업을 운영하는 것이다. '주주 가치를 띄우기' 위한 방편으로 중요 자산을 팔아치우고 충직한 직원을 해고하며 남아 있는 직원들은 무자비하게 쥐어짠다. 상품에 대한 판매 후 지원, 고객 지원, 연구 개발을 축소하고, 낡고 뒤떨어져 더 이상 안전하지 않은 장비의 교체를 늦추고, '동기 부여'라는 명목으로 최고경영자에게 스톡옵션과 엄청난 보너스를 퍼부어주고, 대규모 배당과 자사주 매입에 여유 현금을 써버려 회사의 재무 상태를 채무 지급 불능 직전까지 몰아간다. 거기다가 규제 기관과 입법 의원들에게 로비하여 회사가 CDS(신용 부도 스와프)와 여타 고위험 파생 금융 상품에 투기해 단기 수익을 올릴 수 있도록 법안을 개정한다. 많은 이사와 경영진은 개인적으로 내심 그러한 전략을 불편하게 생각하는데, 오로지 주가에만 집중하는 것은 사회와 기업과 주주들의 이익에 도움이 되지 않는다는 것을 직감적으로 알기 때문이다. 그럼에도 불구하고 그들은 이런 일들을 벌인다.

이 책에서는 주주 가치라는 원칙을 살펴보고 그에 대해 이의를 제기하려고 한다. 이 책이 말하고자 하는 바는, 주주 가치라는 것이 하나의 이데올로기에 불과하며 법률적 의무 사항도 아니고 현대의 기업 경영을 위한 필수 불가결한 사항도 아니라는 것이다. 미국의 기업법은 상장기업의 이사들에게 주가나 주주의 부를 극대화할 것을 요구하지 않으며 그랬던 적도 없다. 오히려 반대로, 이사회가 이사 자신들의 배만 불리려고 하지 않는 한, 기업법은 이사회에 여러 면에서 자유재량권을 보장해 상장기업이 다른 목표들을 추구할 수 있게 한다. 예를 들면 기업의 성장, 고품질 상품 생산, 임직원 보호, 공공 이익 추구와 같은 목표들 말이다. 주주 가치를 좇는 것은 경영상의 선택일 뿐이지, 법적 의무가 아니다.

그럼에도 불구하고 1990년대까지 기업 목적론의 주류는, 기업은 주식 가격으로 반영되는 주주의 부를 위해서만 운영되어야 한다는 것이었다. 기업의 경영진, 저널리스트, 경영대학원 교수들은 한결같이 거의 종교와 같은 열정으로 주주 가치 극대화를 당위로 받아들이고 있었다. 법학자들도 기업의 경영자는 주주의 이익을 극대화하는 데 집중해야 한다고 주장했는데, 이러한 사고방식을 다소 오해의 소지가 있는 '주주 최우선주의shareholder primacy'

라고 불렀다. (다소 오해의 소지가 있다고 한 이유는 오히려 '주주 절대주의' 또는 '주주 독재주의'라고 표현하는 것이 더 정확할지도 모르겠다는 생각 때문이다.)

일부 학자와 사회운동가는 기업의 목적을 '이해관계자stakeholder' 관점에서 보아야 한다고 주장했는데, 이런 주장들 덕분에 그나마 경영자가 임직원이나 채권자, 고객의 입장을 생각할 만큼 숨 돌릴 틈이 생겼다. 일각에서는 '기업의 사회적 책임'을 강조하며 상장기업이 엄연히 사회적 이익을 위해 기여해야 한다고 주장하는 사람도 있었다. 하지만 밀레니엄 시대에 들어서면서 그러한 바람직한 대안적 관점의 기업 지배 구조 논의는 소수 의견으로 치부되면서 관심 밖으로 밀려났다. 미국과 세계 각국의 비즈니스 리더와 정책 입안자들은 기업이 주주 가치를 극대화하기 위해 존재한다는 것을 의문의 여지가 없는 엄연한 사실로 받아들이게 되었다.[4]

주가를 올리기 위한 모험

그런데 한번 의문을 품어보자. 그동안 신문을 읽어온 사람이라면 미국의 기업들이 고수해온 주주 가치라는 개념이 반드시 기업과 경제에 더 나은 성과를 가져온다고는 말할 수 없다는 점을 인정할 것이다. 지난 십수 년 동안 기업들은 재난을 줄줄이 일으켜서 손실을 초래했다. 2000년대 초반의 엔론, 헬스사우스, 월드컴의 대사기극에서 시작해 2008년에는 세금으로 조달된 엄청난 국가 재정이 여러 대형 금융 기관에 투입된 일, 거기다 2010년 BP의 원유 유출까지 말이다. 주식 수익률이 처참해지면 주식에 노후 은퇴 자금을 맡긴 베이비부머들은 어떻게 노년기를 감당할 수 있을지 의문이 제기되었다. 던킨도너츠와 토이저러스처럼 과거에 상장기업이었던 곳들이 자발적인 '상장 철회'를 통해 주주 최우선주의의 압력에서 벗어나면서 미국의 상장기업 숫자는 급격히 줄어들고 있고, 신생 기업도 외부 투자자들에게 자금을 받지 않기로 결정하기도 한다. (미국 증권거래소에는 1997년에 8,823개 기업이 상장되어 있었지만 2008년에는 5,401개로 줄었다.[5]) 일부 전문가는 미국 상장기업들이 혁신 경쟁력을 잃어가고 있다고 염려한다.[6] 국가 진상조사위원회는 딥워터 호라이즌 사태의 근본적인 원인이 석유 산업에서 최근 연구 개발 투자를 크게 줄였기 때문이며, '석유 산업 분야의 지식과 경험이 감소하는 것 같다'고 지적했다.[7]

심지어 과거에 주주를 최우선시하는 경영을 적극 옹호하던 사람들도 주주 가치를 추구하는 것이 과연 타당한지 의문을 제기하기 시작했다. 1981년부터 2001년 은퇴할 때까지 강력하게 GE를 이끌었던 CEO 잭 웰치Jack Welch는 누구보다도 일찍이 강력한 목소리로 주주 가치를 옹호한 사람이었다. GE에서의 첫 5년 동안 그는 인력의 3분의 1 이상을 가차 없이 줄였다. 또한 기초연구 프로그램 대부분을 없앴다. GE에서 은퇴할 때 자산이 7억 달러 이상이었던 그는 은퇴 몇 년 후 〈파이낸셜 타임스Financial Times〉와의 인터뷰에서 2008년 금융 위기에 대해 말하면서 "엄격히 말해서 주주 가치라는 개념은 사실 세상에서 가장 멍청한 아이디어"라고 회고했다.[8]

이제 주주 가치라는 개념의 타당성을 다시 생각해볼 때이다. 주가를 끌어올리기 위해 끊임없이 벌이는 모험이 주주 이외의 이해관계자와 사회에 어떤 피해를 주는지, 특히 **주주 자신에게** 어떻게 해가 되는지를 따져봐야 할 때이다.

모두를 이롭게 하라

비록 주주 최우선주의라는 이데올로기가 오늘날 경영계와 학계에서 여전히 대세라고 할지라도, 상장기업이 등장하기 시작할 당시에는 상장기업이 주주만이 아니라 공공의 이익도 추구해야 한다는 주장이 있었다. (영어로 상장기업은 public company이다. public에는 '공공의'라는 의미도 있기 때문에 public company는 public interest[공공의 이익]도 경영에 고려해야 한다는 주장이다. ― 옮긴이) 나도 이 견해에 공감한다. 하지만 주주 가치적 사고가 해롭다는 주장에 동의한다고 해서 반드시 이해관계자 중심의 기업 이론이나 기업의 사회적 책임 이론을 받아들여야 하는 것은 아니다. 오늘날 현실적으로 실행되는 주주 최우선주의 이데올로기는 이해관계자나 공공의 이익에 관한 주장과는 관점의 차이가 너무 크기 때문에 타협이 불가능해 보인다. '주주'의 실체가 도대체 무엇인지 생각해보지 않는다면 ― 어떤 기업의 현재 주가를 높이려는 단 하나의 목표에만 사로잡힌 추상적 존재로서의 주주가 아니라, 우리의 미래에 대해 생각할 능력을 갖추고 실제로 법적 구속력을 가지고 있으며 어떤 기업의 주식을 가지고는 있지만 그 주식 수익 너머의 투자와 이익에 대해 생각하고 타인들, 미래 세대, 지구라는 이 행성의 운명에 대해서도 최소한의 고려를 하는 실제 인간으로서의 주주를 의미한다 ― 주주 최우선주의는 이해관계자와 공공에만 피해를 주는 것이 아니라 대부분의 주주 본인들에게도 피해를 준다는 것을 이야기하려고 한다. 정말로 기업이 다양한 사람들 ― 그 기업의 주식을 직접 소유한 사람이든, 연금이나 뮤추얼펀드 같은 기관 투자를 통해서 간접적으로 소유한 사람이든 간에 ― 에게 이익이 되기를 바란다면, 우리는 도대체 누가 주주이며 그들이 정말 무엇에 가치를 두고 있는지 심각하게 다시 생각해봐야 한다.

이 책에서는 현재 주주 가치라는 개념이 어떻게 재검토되고 있는지 소개하려고 한다. 경영계와 언론에서는 경영자가 주가를 최대로 올리는 데 매진해야 한다는 관점이 통념으로 자리 잡았지만, 기업을 연구하는 학자들은 이런 관점에 보다 적극적으로 의문을 제기한다. 주주 최우선주의와 주주 가치만을 추구하는 관점에 의문을 제기하는 새로운 연구 논문이 매일같이 발표되고 있다. 그뿐만 아니라 영향력 있는 경제와 법률 분야 전문가들이 개별 기업의 주가를 높이는 데만 무차별적으로 집중하는 것은 잘못된 관점이고 투자자에게도 해를 끼칠 수 있다는 것을 증명하면서, 상장기업의 법적 체계와 경제적 목적에 관한 대안 이론들을 제시하고 있다.

이런 새로운 이론들은 '주주 대 이해관계자'나 '주주 대 사회'와 같은 오래되고 진부한 논쟁을 넘어서서 기업의 진정한 목적에 대한 이해를 키워줄 것이다. 또한 주가에만 천착하면 결과적으로 수많은 주주를 위험에 빠뜨리게 됨을 보여주면서, 주주 전체의 이익과 다른 이해관계자들, 더 넓게는 사회의 이익이 우리가 생각했던 것보다 훨씬 밀접하게 연결되어 있다는 것을 밝혀준다. 그런 과정에서 상장기업의 역할과 좋은 기업 지배 구조의 역할을 더 뛰어나고 더 정교하고 더 유용한 방향으로 이해할 수 있게 도와준다. 좋은 기업 지배 구조는 경영자, 입법자, 투자자 모두가 상장기업이 경제적 잠재력을 충분히 끌어낼 수 있도록 도와줄 것이다.

새롭게 보는 주주와 기업

이 책은 주주 가치와 기업의 목적에 대한 새로운 관점을 제시한다. 1부 "주주 가치는 허상이다"에서는 통상적으로 이야기해오던 주주 최우선주의적 사고의 기원을 알아본다. 주주 가치 극대화라는 개념이 기업법적 측면에서, 기업 경제학의 측면에서, 그리고 실증적 증거에서도 얼마나 견고한 토대 없이 형성된 것인지 이야기한다. 많은 사람이 생각하는 것과는 반대로 미국 기업법은 이사와 임원들이 기업의 이익이나 주가를 극대화하도록 법적으로 의무화하지 않는다. 마찬가지로 주주 가치 극대화라는 철학적 주장도 기업의 경제적 구조와 관련된, 부정확한 사실에 근거한 주장에서 비롯되었다. 예를 들면 주주가 기업을 '소유한다'는 생각, 기업의 이익에 대해 유일한 잔여 청구권을 가진다는 생각, '주인'으로서 이사진을 고용하고 통제하여 그들이 '대리인'으로 행동하도록 하는 존재라는 생각은 모두 잘못 알려진 것이다. 마지막으로, 학자들이 부단히 노력해왔음에도 불구하고 주주 가치라는 원칙에 따라서 경영해온 기업이나 경제가 그렇지 않은 경우에 비해서 장기적으로 더 좋은 성과를 낸다고 밝혀낸, 설득력 있는 실증적 증거는 찾아보기 어렵다. 간단히 이야기해서 주주 가치라는 개념은 희망 사항이지 현실이 아니다. 기업의 목적론으로서 주주 가치를 추구하는 것은 그야말로 논리적으로 개념 없는 일이다.

2부 "주주가 정말 원하는 가치는 무엇인가?"에서는 법률, 경영, 경제 분야의 전문가들이 제시하는, 상장기업에 대한 여러 유망한 대안 이론들을 살펴본다. 이 새로운 이론들은 흥미롭고도 중요한 공통 요소 두 가지를 담고 있다.

첫째, 앞서 이야기한 대로, 주주 최우선주의 경영에 대한 기존 비판은 주주에게 좋은 것이 기업의 다른 이해관계자들(고객, 임직원, 채권자)에게는 나쁜 것일 수 있다는 염려에 초점을 맞춰왔다. 하지만 새로운 이론들은 **주주 가치적 사고가 주주 자신에게도 피해를 입힐 수 있다**는 가능성에 초점을 둔다. 실제로 만약 주주들이 오랜 시간 동안 주식을 보유하는 이해 집단이라면 주주 가치적 사고는 주주 자신들의 집단 이익에 오히려 손해가 될 것이다.

둘째, 새로운 이론들은 '주주'라는 존재가 얼마나 인위적이고 심각하게 오해의 소지가 있는 관념인지를 밝힘으로써, 주주 가치를 추구하는 것이 주주 자신의 이익에 반하는 것이라는 반직관적 가능성을 제시한다. 주식 투자에 따르는 경제적 이익 대부분은 직접 투자를 통해서건 연기금이나 투자 펀드를 통해서건 결국 사람에게 돌아간다. '주주'라는 존재는 하나의 동일한 집단으로 분류되지만 그 안에는 다양한 사람이 주주 집단을 구성한다. 어떤 사람은 단기적 수익을 위해 주식에 투자하면서 오늘의 주가에만 신경을 쓰지만 10년을 바라보고 주식에 투자하면서 기업의 장기적 성과를 신경 쓰는 사람도 있다. 신생 벤처에 투자하는 투자자는 투자한 기업이 고객과 인재를 끌어들이는 데 힘쓰기를 바라지만 그보다 오래된 기업의 주식을 사는 투자자는 그런 노력이 이익의 결실을 만들어내기를 기대한다. 어떤 투자자는 여러 기업에 분산 투자하면서 한 기업의 경영 행위가 자신의 전체 포트폴리오 가치에 어떤 영향을 줄 것인지 주목하지만 또 어떤 투자자는 분산 투자하지 않으며 자신이 투자한 기업이 다른 부문에 끼칠 영향을 별로 개의치 않는다. 마지막으로 대개의 사람은 '친사회적'이어서 자신이 투자한 기업이 이익의 일부를 포기하더라도 윤리적이고 사회적으로 책임감 있는 경영을 하기를 원하는데, 반면에 오직 수익률만 신경 쓰는 사람도 있다.

주주마다 가치관과 관심이 서로 다르다는 사실을 인식한다면 상장기업의 이사들에게 필요한 중요한 능력 중 하나가 각기 다른 주주들의 요구가 경쟁하고 충돌할 때 균형을 맞추고 중재하는 것임이 명백해진다. 통상 말하는 주주 가치적 사고는 인간으로서 가지고 있는 주주들의 다양성을 전제하지 않음으로써 이 중요한 일을 은근슬쩍 외면한다. 다시 말해서 주주 가치적 사고는 경영자들이 오로지 주식 가격에만 몰입하도록 몰아가서, **다양한 주주들에게 다양한 가치가 있다는 현실을 무시해버린다.** 기업의 목적이 무엇이냐는 질문에 답할 때, 한 기업의 당일 주가만 바라보는 가상의 존재가 주주라고 분별없이 가정해버린 것이다. UCLA 법학 교수인 아이만 아납타위Iman Anabtawi가 지적했듯이, 이러한 관점에 기초해서 주주 최우선주의 입장을 취하는 학자들은 주주라는 존재를 '근본적으로 오직 한 가지 관심만을 가진 갈등 없는' 집단이라고 규정해버린다.[9] 하지만 이러한 규정은 투자자들이 인간으로서 가진 최소한의 기준을 낮추어서 그들을 참을성 없고 기회주의적이고 자기 파괴적이고 다른 사람의 삶의 질에 대해서는 병적으로 무관심한 존재로 치부하는 것이다.

물론 이 책이 다양한 주주들의 요구를 이사회가 정확히 어떻게 중재해야 하는지 제시하는 것은 아니다. 또한 중재 과정에서 특정 주주들(예를 들면 장기적으로 투자하는 주주 또는 더 분산 투자하는 주주)의 관심을 다른 주주들의 관심보다 더 중대하게 다루어야 하는지 직접적으로 논의하는 것도 아니다. 이런 질문들은 매우 중요하기는 하다. 하지만 이런 질문들에 답변하기 전에, 통상 이야기되는 주주 최우선주의의 관점이 주주 간의 갈등 문제를 어떻게

'해결하는지' 인식할 필요가 있다. 주주 최우선주의는 특별한 설명이나 명분 없이, 주주들은 한결같이 눈앞의 이익만 바라고 기회주의적이며 분산 투자에 관심도 없고 일말의 양심도 없는 존재라서 서로 갈등할 일이 없다고 전제해버린다. 이런 식으로 기업을 바라보면 투자자나 사회 전체를 위해서 최선을 다하려는 상장기업에 도움이 되지 않는다.

주주 가치, 정말로 맞나?

주주 가치가 과연 타당한지 다시 생각해봐야 할 때이다. 파격적인 문제 제기이다. 20세기 대부분에 걸쳐 상장기업들은 국가 경제를 이끌었다. 소비자들을 위해 혁신적인 제품을 생산했고 수많은 일자리를 만들어냈으며 정부에 세금을 냈고 주주와 투자자들에게 상당한 투자 수익을 가져다주었다. 기업은 국가 경제 시스템이 번영할 수 있도록 주주와 국가 모두를 위해 움직여온 박동하는 심장이었다.

하지만 지난 몇 년간 기업 분야는 맥을 못 추었다. 사람들은 비즈니스에 대한 신념을 잃기 시작했다. 한 여론조사에 따르면 2002년에는 미국인 80%가 자본주의와 자유 기업 체제를 강력하게 지지했지만, 2010년에는 그 비율이 59%로 떨어졌다.[10] 몇 건의 개별적 기업 스캔들 및 사건과 관련해서는, 당연히 탐욕적인 CEO, 무책임한 이사회, 부도덕한 경영진과 같은 개인의 탈선에 대해 사회적 분노와 언론의 관심이 집중됐다. 하지만 나는 이 책을 통해 수많은, 아니 거의 대부분의 기업 문제는 잘못된 개인의 책임이라기보다는 잘못된 **사고**idea 때문임을 지적하려고 한다. 그 사고란 주식 가격의 극대화가 경영을 잘하는 것이라고 생각하는 것이다.

　기업이 주주뿐 아니라 우리 모두를 위해 최선을 다할 수 있도록 하기 위해서 우리는 '주주 가치 극대화'라는 지나치게 단순화된 구호를 폐기해야 하며, 상장기업에 대한 법률적 구조와 경제적 기능을 새롭고 더 바람직하게 이해할 필요가 있다. 이제는 주주 가치라는 허상에서 벗어나야 할 때이다.

The Shareholder Value Myth

1부

주주 가치는 허상이다

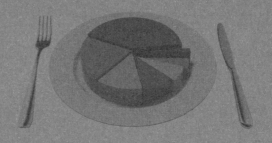

1장

주주 가치라는 발상

오늘날 우리가 알고 있는 바와 같이 상장기업은 1800년대 후반에 탄생했지만 20세기 초반에 이르러서야 온전한 모습을 갖추었다. 그 전에는 기업 대부분이 사기업private company 또는 폐쇄회사 closely held company 형태로 한 명 또는 소수의 주주만이 주식을 소유했다. 이러한 경영권을 가진 주주들은 기업의 경영을 확실히 통제했고 사업 문제에 긴밀히 관여했다.

그러나 1990년대 후반에 이르러 새로운 형태의 사업 주체가 경제 체제에 그림자를 드리우며 등장했다. 새로이 등장한 '상장'기업들은 수천, 수만의 투자자에게 주식을 발행했는데, 이 각각의 투자자들은 기업 전체 주식의 아주 작은 부분만을 소유하게 되었다. 그들은 투자의 대가로 기업의 이익 창출 잠재력에 대한 수익을 기대하게 되었다. 하지만 경영 참여에는 별 관심이 없었고, 효과적으로 참여할 만한 능력도 갖추지 못했다. 1920년대까지 AT&TAmerican Telephone and Telegraph, GEGeneral Electric, RCARadio Company of America와 같은 이름은 모두가 아는 기업이었다. 그러나 그 기업들의 주주는 기업 경영에는 전혀 관여하지 않았고, 기업의 하루 일과가 어떻게 돌아가는지 대체로 관심조차 없었다. 상장기업의 실제 경영권과 통제권은 이사회에 맡겨져, 그들이 매일매일의 경영을 책임질 경영진을 고용했다. 이렇게 상장기업이라는 존재가 등장한 것이다.[1]

기업의 목적에 대한 대논쟁: 초창기

이 새로운 경제 주체를 둘러싼 모든 논쟁 중에서 가장 근본적이고 지속적인 논쟁은 '과연 기업의 목적이 무엇인가?'에 대해서였다.[2] 상장기업은 엄청나게 많은 숫자의 무관심한 주주들의 이익을 위해 존재하는가? 그리고 기업의 이사와 경영진은 배당과 주가 상승을 통해 주주의 부를 극대화하는 것에만 초점을 맞추어야 하는가? 1900년대 초반에, 상장기업들이 그 기원인 비상장 사기업과 근본적으로 유사하다고 생각했던 사람들에게는 오늘날

'주주 최우선주의' 또는 '주주 중심의 모델'이라고 불리는 관점이 합리적으로 보였던 것 같다. 비상장 사기업에서는 경영권을 가진 주주 또는 주주 집단이 거의 절대적인 힘을 가지고 기업의 미래를 결정해왔다. 그러한 상황에서 기업의 목적이 무엇이냐는 질문은 대답하기 어려운 문제가 아니었다. 기업의 목적은 주주가 원하는 대로 하는 것이고, 꼭 그럴까 싶기는 하지만 주주들은 가능한 한 많은 돈을 벌기를 원한다고 여겨졌다.

하지만 20세기 전반기에 기업이라는 존재를 지켜보던 사람들 상당수는 상장기업에 대해서 다른 관점을 가지게 되었다. 그들에게 이 새로운 경제 주체는 그보다 앞서 존재했던 비상장 사기업과 비교하면 구조 면에서도 기능 면에서도 현저하게 달라 보였다. '경영권으로부터 분리된 오너십'이라는 개념은 AT&T와 GE 같은 거대한 회사가 탄생하는 데 기여했는데, 작동 원리를 보면 단순한 양적 변화가 아니라 질적으로도 달라졌다는것을 알 수 있다. 상장기업은 단순히 주주들을 위해 이익을 내는 것을 넘어서서 더 넓은 사회적 목적을 가진 것으로 보였다. 상장기업이 제대로 경영되면 고객, 임직원, 심지어 사회 전체를 포함하는 이해관계자들의 이익에도 기여할 수 있다고 여겨졌다.

그러던 중 기업법 전문가인 거물급 판사 세 명이 과연 상장기업의 목적이 무엇인가를 두고 대논쟁을 시작했다.[3] 대논쟁은 일찍이 1932년에, 기업법 최고 전문가인 컬럼비아대 로스쿨의 아돌프 벌Adolph Berle과 하버드대 법학 교수인 메릭 도드Merrick Dodd의 세간의 이목을 끈 논쟁이 〈하버드 법률 리뷰Harvard Law Review〉에 실리면서 본격화되었다. 벌은 상장기업에 대한 유명한 연구 〈현대 기업과 사유 재산〉의 공동 저자였다.[4] 그는 주주를 우선시하는 입장에 서서 "기업 또는 기업의 경영진에게 부여된 모든 권한은 … 상시적으로 평가 가능한 주주의 이익만을 위해 행사될 수 있다"라고 주장했다.[5] 도드는 동의하지 않았다. 그는 상장기업의 목적은 주주를 위해 돈을 버는 것을 넘어서서 임직원에게 안정적인 일자리를 제공하고 소비자들에게 좋은 품질의 상품을 판매하며 사회에 기여하는 것까지를 포함해야만 마땅하다고 생각했다. 그래서 "기업business corporation이란 이윤을 창출하는 기능뿐만 아니라 사회적 서비스의 기능도 가진 경제 기관economic institution"이라고 주장했다.[6]

도드의 '경영주의자managerialist' 관점에서 볼 때, 상장기업은 공공의 이익을 생각하는 정부에 의해 하나의 법률적 주체로서 만들어진 것이고, 주주뿐 아니라 '이해관계자'와 공공의 이익도 추구하는 전문 경영인에 의해 운영되는 것이었다. 이런 관점이 오늘날 많은 사람에게는 기껏해야 아주 순진해 보이거나, 기업을 자기 주머니를 채우는 데 이용하는 이사와 경영자에게 던지는 직설적인 경고의 메시지 정도로 보일 것이다. 그렇지만 20세기 전반기에는 대논쟁에서 이 경영주의자 관점이 더 우세했다. 1954년에는 벌 교수도 상장기업이 주주 가치의 원리에 따라서 경영되어야 한다는 생각을 버렸다. 그는 자신이 쓴 글에서 "20년 전에 나는 하버드 법대의 메릭 도드 교수와 논쟁했었는데, 나는 기업의 권력이 주주들을 위하여 주어진 것이라고 주장했던 반면, 도드 교수는 전체 공동체를 위하여 주어진 것이라고 주장했다. (적어도 지금 시점에서는) 그 주장은 도드 교수의 주장이 확실히 맞는 방향이었다고 정리되고 있다"라고 밝혔다.[7]

다시 떠오른 주주 최우선주의

하지만 벌 교수가 경영주의자 관점에 항복한 지 불과 수십 년 후에, 주주 최우선주의 관점이 학문의 전당에 다시 떠올랐다. 그 과정은 1970년대 시카고 학파로 불리는 자유주의 경제학자의 발흥과 함께 시작되었다. 시카고 학파의 주요 멤버들은 경제 분석을 통해 지배 구조의 합당한 목적이 무엇인지 비교적 명확하게 밝혀낼 수 있으며, 그 목적은 바로 주주들을 가능한 한 더 부유하게 만드는 것이라고 주장했다. 이런 종류의 주장 중에 가장 앞서 등장하고 가장 영향력 있는 사례 중 하나가 노벨경제학상 수상자인 밀턴 프리드먼Milton Friedman이 1970년 〈뉴욕 타임스〉 일요판에 발표한 글이다. 이 글에서 프리드먼은 주주들이 기업을 '소유'하기 때문에 '기업의 유일한 사회적 책임은 이익을 늘리는 것'이라고 주장했다.[8]

6년 후, 경제학자 마이클 젠슨Michael Jensen과 경영대학원장 윌리엄 메클링William Meckling은 더 큰 영향력을 발휘하게 되는 논문을 발표했는데, 그들은 주주가 기업의 '주인principals'이며, 이들이 이사와 경영진을 고용해 주주의 '대리인agents' 역할을 담당하게 한다고 설명했다.[9] (이 설명이 상장기업에서의 주주, 이사, 경영진 간의 실질적인 법적, 경제적 관계를 어떻게 잘못 규정했는가는 2장과 3장에서 설명하겠다.) 이 설명은 경영진이 추구해야 할 것은 오직 주주의 이익이지, 고객과 임직원과 사회 공동체의 이익이 아니라는 주장을 함축한다. 게다가 경제학자들의 신조에 부합하게도, 젠슨과 메클링은 주주의 이익은 순전히 금전적인 이익이라고 가정했다. 이 견해에 따르면 법률에 위배되지만 않는다면 수단과 방법을 가리지 않고 (기업의 유일한 '잔여 청구권자'인) 주주의 부를 극대화하는 것이 경영진의 정당한 일이다. 기업 경영진이 주주의 부 극대화 이외의 다른 목적에 신경 쓰는 것은 '대리인 비용'을 발생시키는 행위이고, 이는 사회적 부를 줄어들게 만드는 문제 있는 대리인이 되는 것이다.

왜 주주 가치 이데올로기가 통하는가

기업에 대한 시카고 학파의 접근법을 매력적으로 느낄 수밖에 없는 사람들이 있다. 종신고용 심사를 앞둔 법대 교수들로서는 시카고 학파의 경제학 이론을 기업법에 적용하면 오랫동안 관심을 끌어온 '주주 대 사회'나 '주주 대 이해관계자' 논쟁에서 주주 편에서 과학적인 정연함을 풀어가는 데 매우 유리했다. 주주 가치라는 개념은 법학 분야에서 법경제학파Law and Economics School라고 불리며 학계의 주류로 자리매김했는데, 이 학풍은 '지난 30년간 법학에서 가장 성공적인 지적 활동'이라고까지 표현될 정도였다.[10] 한편 기업의 성과를 주식 가격이라는 하나의 지표로 간단하고 쉽게 측정할 수 있다는 점에서, 경제학과 경영학 교수들은 주가와 다른 변수(이사회 규모, 자본 구조, 합병 활동, 설립 상태 등)의 관계를 통계적으로 분석하는 수많은 논문을 쏟아내며 과연 '최적화된 지배 구조'의 비밀이 무엇인지 밝혀내려는 시도를 한 세대 내내 이어왔다.

주주 최우선주의라는 수사rhetoric는 언론과 비즈니스 매체에도 어필했다. 우선 주주 최우선주의라는 개념은 기업이 무엇이며 또 무엇이어야 하는지 독자들에게 간단하고 이해하기 쉽고 짧게 전달하기 좋았다. 둘째, 아마 이것이 더 중요할 텐데, 톱기사에 자주 등장하던 기업의 실패와 스캔들의 원인을 설명할 때, 기업의 '대리인'이라는 개념을 이용해 부정직한 일의 책임을 대리인에게 물으면 그 설명이 매우 효과적으로 느껴졌다. 만약 기업이 문제를 일으키면 이사회와 경영진이 주주에게 비용을 감당시키면서 이기적으로 자신들의 이익을 채우기 때문이라고 설명하는 것이다. 기업에 더 심각한 구조적 문제가 있을 수 있음에도 불구하고 그저 경영진의 이기적 행위를 이기적인 핑곗거리로 간단히 정리해버리니 경영진이 짊어져야 할 기업의 장기적 미래에 대한 책임, 임직원과 고객 등 이해관계자에 대한 보호, 사회적이나 환경적으로 책임감을 가지고 기업을 운영할 의무 등에 대한 생각이 모호해져버렸다.

입법권자, 컨설턴트, 예비 개혁가 또한 주주 가치라는 절대화된 개념에서 벗어나지 못했는데, 이 개념만 이용하면 상상할 수 있는 사업상의 모든 문제에 대해 명백한 해결책을 제시할 수 있었기 때문이다. 좋은 지배 구조에 대한 처방은 세 가지로 간단히 요약할 수 있다. (1) 이사회의 힘을 줄이고, (2) 주주에게 힘을 더하고, (3) 경영진과 이사회의 보수를 주가와 연동해 '인센티브를 주라'는 것이다. 주주 가치의 원칙에 따르면 이 처방약은 어떤 상장기업에서도 통하며, 반드시 더 나은 성과를 낸다. 이러한 논리가 1990년대와 2000년대 초반에 기업법 분야와 실무에 중대한 영향을 끼쳤다. 예를 들어 증권거래위원회SEC: Securities Exchange Commission는 1992년에 주주들이 이사진에 대해 집단적으로 영향력을 행사하기 쉽도록 주주들의 위임 투표proxy voting 방식을 바꿨고, 의회는 1993년에 세법 개정을 통해 상장기업이 경영진의 임금을 객관적인 성과 지표와 연동하도록 독려했다. 또한 주주 행동주의자들(기업 지배 구조의 논의에서 '행동주의자'는 적극적으로 경영에 개입하는 성향이 있는 주주를 의미한다. 이들은 자신이 투자한 기업이 자신이 원하는 방향으로 경영되도록 적극적으로 목소리를 낸다. 예를 들어 자신과 입장이 다른 이사진이나 경영진을 해고하려고 시도하고 그들을 상대로 소송을 벌이기도 한다. ― 옮긴이) 때문에 1990년대와 2000년대 초반 많은 상장기업이 '시차 이사회 제도staggered board'를 포기했는데, 이로써 이사들을 한꺼번에 제거하기가 더 쉬워졌다. (시차 이사회 제도란 이사들의 임기가 동시에 시작하지 않도록 함으로써 같은 해에 이사진 전원이 교체되지 않도록 하는 것이다. 예를 들어 9명으로 구성된 이사회의 경우 3년 임기의 이사를 3명씩 나누어 선임하면 한 해에 교체할 수 있는 이사가 최대 3명으로 제한되어 과반수의 이사가 전년도에 이어서 계속 이사회 활동을 하기 때문에 기업의 경영 방향을 유지하는 데 도움이 된다. ― 옮긴이)

마지막으로 최고경영자를 비롯한 기업의 고위 경영진이 주주 가치라는 개념에 매료되었다. 그들은 주가 성과와 연계된 옵션, 주식, 보너스를 주주들로부터 후하게 받으면서 주주 가치라는 사고를 통해 사적으로 큰 이익을 얻을 수 있었다. 1984년 S&P 500 기업들에서 경영진 평균 연봉이 주식과 연동된 비율은 0퍼센트였다. 하지만 2001년에는 이 비율이 66퍼센트까지 치솟는다.[11] 실제로 이런 '성과급' 체계가 기업 성과를 제고했는지에 대한 논의를 떠나서, 이런 보상 제도는 의문의 여지 없이 경영진의 지갑을 두둑히 채웠다. 1991년 의회가 주가 연동 급여를 독려하는 세법을 개정하기 직전에는 대규모 상장기업 최고경영자의 평균 연봉은 임금노동자 연봉의 평균 대비 140배였다. 그런데 2003년에는 이 비율이 약 500배가 되었다.[12] 주주 최우선주의 사고가 주가에 연동된 임금 체계를 더 널리 전파하는 데 기여하면서, 20세기가 끝나갈 때쯤 미국 기업의 경영진은 비즈니스 역사상 그 어느 때보다도 기업 운영에 개인적 인센티브를 더 적극 도입하며 주주가치 사고라는 이상을 추구했다.

주주 최우선주의, 절정에 달하다

새로운 밀레니엄 시대가 되자 기업의 목적에 관한 대논쟁은 시카고 학파의 완승으로 마무리되었다. 학자, 규제 기관, 비즈니스 리더 대부분은 주주 부의 극대화가 기업 지배 구조의 유일하고도 정당한 목적이라고 의문 없이 받아들였다. 주주 최우선주의는 신조dogma가 되었고 의문의 여지 없는 믿음 체계로 자리 잡았다. 이제 이를 정당화할 필요도 거의 없어졌고 주주 최우선주의의 신봉자들조차 이 개념이 어디서 어떻게 시작되었는지 떠올릴 필요 없이 널리 퍼졌다. 이 흐름에 동조하지 않는 반대자 소수만이 임직원, 고객과 같은 이해관계자에 미칠 영향을 염려하며, 기업의 목적은 더 폭넓은 비전을 품어야 한다고 용감하게 주장했다. 하지만 그들은 대체로 주목받지 못하거나 이성보다 감성이 앞서는 감상적인 반자본주의적 좌파 취급을 받으며 묵살당했다. 컬럼비아대 로스쿨의 제프리 고든Jeffrey Gordon 교수의 말을 빌리면 "1990년대 말에는 주주 가치가 유일한 판단의 기준으로 거의 완전히 자리 잡았다."[13]

주주 가치적 사고는 2001년 저명한 기업법 학자였던 하버드대 로스쿨의 레이니어 크라크만Reinier Kraakman 교수와 예일대 로스쿨의 헨리 한스만Henry Hansmann 교수가 〈조지타운 법률 저널Georgetown Law Journal〉에 〈기업법 역사의 종말〉이라는 글을 기고하면서 절정에 달했다.[14] 자본주의적 민주주의가 공산주의에 완전한 승리를 거둔 역사적 순간을 서술한 프랜시스 후쿠야마Francis Fukuyama의 책 제목을 빌려와, 두 교수는 어떻게 주주 가치적 사고가 기업의 목적에 관한 다른 이론들을 압도했는지 설명했다. 그들은 그 글에서 '학계, 재계, 정부 엘리트들'은 "기업의 궁극적인 통제권은 주주에게 있고, 경영진은 주주의 이익을 위해 기업을 운영할 책임을 지고 있으며, 채무자, 임직원, 공급업체, 고객 등 다른 이해관계자들은 기업 경영 참여를 통해서가 아니라 계약과 법률적 수단을 통해서 자신의 이익을 요구해야 할 것이고, 주식시장에서 거래되는 상장기업의 주가만이 주주의 이익을 판가름하는 우선 기준이다"라고 썼다.[15] 더 심각한 점은, 한스만과 크라크만이 주장했듯이 이 '표준이 되어버린 주주 중심적 모델'은 기업의 목적에 대한 논의에서 미국뿐만 아니라 다른 나라에서도 주류가 되었다는 것이다. 그들의 말에 따르면 '주주 중심의 기업 모델의 승리는 이제 부인할 수 없는 현실이며' 미국뿐만이 아니라 문명화된 세계라면 어디에서도 마찬가지가 되었다.[16]

이 예견이 있었던 시점과 관련해 적어도 두 가지 아이러니한 측면이 있다. 첫째, 한스만과 크라크만이 논문을 발표한 지 불과 몇 달 되지 않아 — 주주 가치를 극대화하는 것, 그리고 경영진과 임직원이 주가를 올리는 것에 천착함으로써 '좋은 지배 구조'를 제대로 실천하는 것으로 유명했던 — 엔론은 엄청난 회계 부정 사건과 잘못된 경영 의사 결정으로 무너져버렸다.[17] 둘째, 사실 더 미묘하게도 한스만과 크라크만이 글에서 말하고자 했던 논지는 (경영자가 기업의 주주 가치를 극대화해야 한다고 요구하는 것이 아니라 — 옮긴이) 현상을 보여주는 것이었다. 즉 그들은 기업의 목적에 대한 통념적 기준이 어떻게 형성되었는지를 설명한 것이다. 한스만과 크라크만이 글을 발표했을 당시, (그들 자신을 포함해서) 여러 권위 있는 학자와 연구자는 그런 팽배했던 통념에 대한 실증적이고 이론적인 토대에 의문을 제기하기 시작했다.

적어도 전문가들 사이에서는 그 시기에 주주 가치의 사고가 절정에 달하면서 동시에 내리막을 향하고 있었다. 첫 신호탄으로 1990년대 후반과 2000년대 초반 법학 저널에 문제를 제기하는 논문들이 게재되기 시작했다. 대체로 변호사가 발표한 이 논문들은 시카고 학파 경제학자들이 놓쳤던 하나의 진실을 지적했다. 바로 미국의 기업법은 상장기업에 '주주 가치를 극대화하라'는 의무를 부과하지 않았고, 그랬던 적조차 없었다는 점이다.

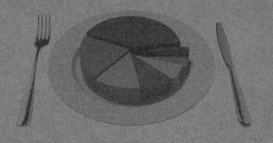

2장
___

주주 최우선주의,
기업법을 오해하다

오늘날 기업에 대해 논의할 때 주주 최우선주의 사고가 어떻게 당연시되었는지를 생각해보면 한 가지 중요한 현상을 발견할 수 있다. 바로 언론인, 경제학자, 비즈니스 관련자들이 한결같이 미국의 법률이 기업의 이사회에 주주의 부를 극대화하라는 법적 의무를 부과했다고 이론의 여지 없이 주장한다는 점이다. 경제부 기자들은 아무런 고민 없이 "법은 주주의 이익 극대화를 이사회의 의무로 명시하고 있다"라고 주장한다.[1] 이와 비슷하게 〈비즈니스 윤리Business Ethics〉의 편집자도 "법원은 기업의 유일한 목적이 주주들에게 돌아갈 수익을 극대화하는 것이라는 입장을 지속적으로 취하고 있다. 이사회가 그렇게 하지 않으면 소송을 당할 수 있다"라고 썼다.[2]

기업의 이사회와 경영진에게는 주주의 부를 극대화해야 할 법적 의무가 있다는 인식이 널리 퍼지면서 오늘날 비즈니스 세계에서는 주주 가치적 사고가 팽배해졌다. 만약 이사회와 경영진이 주주의 이익을 극대화하는 데 실패했다는 이유로 개인적인 법적 책임을 져야 한다면, 주가를 올리기 위해 채무를 크게 늘리고 직원을 감원하고 연구 개발비를 줄이는 이사회와 경영진을 비난할 수 없을 것이다. 급진론자와 개혁주의자들은 '주주의 부를 극대화하는 것이 과연 우리 사회와 주주 자신에게 유익한가?'라는 문제를 제기할 수 있다. (캐나다의 법학 교수인 조엘 바칸Joel Bakan은 법률이 주주 이익 극대화를 강제한다면 기업은 사이코패스처럼 행동할 것이라고 주장한다.[3]) 미국 기업법의 타당성 여부는 기업의 이사회, 경영진, 직원들이 철학적 관점에서 비판한다고 해서 바뀔 수 있는 문제가 아니다. 만약 법이 주주 가치를 극대화하도록 의무화한다면 따라야 한다.

그런데 이 논리에 결정적 문제가 하나 있다. 기업법이 이사회, 경영진, 직원들에게 주주의 부를 극대화하도록 의무화하고 있다는 바로 그 생각이 사실이 아니라는 점이다. 미국 상장기업의 이사와 경영진에게 주주의 부를 극대화할 법적 의무가 있다는 주장에는 확실한 법적 근거가 없다. 이 생각은 그야말로 만들어진 이야기이다. 굳이 기원을 찾아보자면 닷지 대 포드 사Dodge v. Ford Motor

Company 사건에 대한 미시간 대법원의 1919년 판결인데, 이 오래된 사건에 등장하는 법률 의견이 대체로 잘못 이해되고 다소 과장되어 오늘날까지 영향을 미치게 되었다.[4]

닷지와 포드의 싸움

기업가의 아이콘이 된 헨리 포드Henry Ford는 포드 사의 창업자이자 대주주였고, 포드는 잘 알려진 모델 T라는 자동차를 생산했다. 호레이스 닷지Horace Dodge와 존 닷지John Dodge 형제는 포드의 주식 일부를 가지고 있었는데, 닷지 브라더스 컴퍼니를 설립해 자동차 제조업을 시작하면서 포드의 경쟁자가 되었다. 닷지 형제는 사업을 확장하기 위해서 더 많은 자금이 필요했고 가지고 있던 포드 주식으로 도움을 받고자 했다. (포드는 수년에 걸쳐 대규모 배당을 주주들에게 지급하고 있었다.) 닷지 형제의 계획을 잘 알고 있던 헨리 포드는 생각이 달랐다. 포드에는 현금이 넘쳐났지만 헨리 포드는 배당금 지급을 중단했다. 그는 이타심으로 포장된 고소한 기분에 들뜨, 소비자들에게 제품을 싸게 공급하고 임직원들에게 더 높은 임금을 지급하기 위해서는 기업이 자금을 보유하고 있어야 한다고 주장했다. 닷지 형제는 달가워하지 않았고, 결국 소송을 했다.

미시간 대법원은 호레이스와 존 형제의 편에 섰고, 포드에게 배당을 지급하라고 선고했다. (닷지 형제가 원했던 만큼 많은 배당 규모는 아니었고, 법원은 헨리 포드가 고용을 늘리고 제품 가격을 낮추겠다는 계획을 유지할 수 있게 해줬다.[5])

위에서 분명히 설명한 것처럼 닷지 대 포드 사건은 상장기업에 대한 판례가 아니었다. 경영권을 가진 대주주(헨리 포드)가 소주주(호레이스와 존 닷지 형제)에 대해 가진 의무에 관한 것으로, 소수의 주주가 소유한 비상장기업에서 일어난 사건이었다. 소수의 주주가 소유한 비상장기업은 상장기업과는 법률적으로 완전히 다른 종種이다. (상장기업의 주주는 닷지 형제와 달리 배당을 요구할 법적 권리가 없다.) 이처럼 상장기업과는 다른 상황에서 벌어졌던 판결임에도 불구하고, 미시간 대법원이 닷지 형제에게 배당을 지급하라고 포드에 명령했다는 점, 헨리 포드가 주장했던 기업의 자선 참여를 법원이 일축했다는 점 때문에, 기업법이 주주 최우선주의를 의무로 한다는 생각을 뒷받침하는 판례가 필요할 때면 그때 언급되었던 다음의 발언이 오늘날까지도 여전히 많이 인용된다. "오해하지 말아야 할 것은⋯ 영리기업은 우선은primarily 주주의 이익을 위해 조직되고 운영된다. 이사회의 권력은 그런 목적을 위해서 주어져야 한다."[6]

여기서 중요하게 강조할 것은 바로 이 발언이, 법조인들이 '부수적 의견mere dicta'이라고 부를 정도로 미시간 대법원은 지나가는 말로 덧붙인, 큰 의미가 없는 논평이라는 점이다. 따라서 그 발언은 사실상 법원의 선고 결과 또는 '판시判示 사항'에 이르는 데 불필요한 것이었다. 판시 사항이란 법률적으로 의미가 있어 향후 다른 재판에서 구속력을 가지는 결정이다. 이에 반해 부수적 의견은 선례precedent가 아니며, 향후 법정 재판부는 이에 구속되지 않을 자유가 있다. 짚고 넘어가야 할 점은, 기업의 목적에 대한 미시간 대법원의 발언은 사실 (법정 용어로서의) 부수적 의견도 아니고 그냥 지나가며 하는 말 정도의 가벼운 의견이었다는 것이다. '우선은primarily'이라는 수식어가 붙었다는 점을 보라. 그럼에도 불구하고 닷지 대 포드 판결에 등장했던 이 문장들이 거의 한 세기 후에 주주 가치적 사고idea에 대한 참고 조항으로 제일 먼저 등장하게 되었다. 사실 닷지 대 포드 판결은 기업법이 이사회에 주주 가치의 극대화를 요구한다는 주장이 언급될 때, 그나마 법적인 권위를 가지고 인용될 만한 유일한 판결이기도 하다.[7]

선의를 가진 기업법 변호사들은 이런 상황에 대해 심각한 의혹을 품게 되었다. 법은 어떻게 보면 와인과 비슷하다. 세월이 흐르면 무게감과 풍미가 더해지지만, 너무 긴 시간이 흐르면 법률도 상한다. 거의 100년이나 흐른 법률적 견해는 마실 수 없는 와인 같은 존재이다. 게다가 닷지 대 포드 판결은 미시간주에서 일어났던 사건인데, 이곳은 기업법 분야의 변방 지역에 불과하다. 역사적 이유를 고려할 때 기업법 문제와 관련해 오늘날 중요시되는 지역은 포춘 500 기업들 중 절반 이상이 근거지로 삼고 있는 델라웨어이다. 델라웨어가 기업들의 등록지로 인기를 얻게 된 이유 하나는 '챈슬러chancellors'라고도 불리는 델라웨어 판사들이 기업법 분야에서 수준 높은 전문성을 지닌 것으로 유명하기 때문이다. 지난 30년간 델라웨어 법원에서 닷지 대 포드 판례를 인용한 경우는 정말 딱 한 번에 불과하다. 그것도 기업의 목적에 관한 문제와 관련해서가 아니라 소액 주주들에 대해 경영권을 가진 주주들이 져야 할 의무와 관련해서였다.[8]

짖지 않는 개

결국 닷지 대 포드 판결에서 기술된 기업의 목적은 케케묵은 판례 — 실제로 상장기업의 사건도 아닐뿐더러 오늘날 델라웨어 법원이 입증한 적도 없는 — 에 포함된 부수적 의견일 뿐이라고 결론 내릴 수 있다. 그렇다면 법률상 상장기업 이사회는 주주 가치를 극대화해야 할 의무를 지고 있다는 주장을 뒷받침하는 다른 탄탄한 법적 근거가 있기는 한가?

결론부터 이야기하자면 그런 법은 없다. 기업 관련 법률은 일반적으로 세 곳에서 찾아볼 수 있다. (1) '내부internal'법(특정 기업의 정관과 세칙 등의 필수 사항), (2) 주state 법안과 법규, (3) 주state 판례이다. (연방정부 차원의 주식 관련 법안들은 상장기업이 투자자에게 공시해야 할 정보들을 규정할 뿐, 대체로 내부 기업 사항에 대해서는 '불간섭주의hands-off'의 입장을 취하고 각 주state에서 규제하도록 한다. 증권거래위원회가 각 주의 기업법에 직접 개입하는 것을 법원이 제지하는 판결을 내려왔기 때문에 이러한 분업 구조는 더 강화되어왔다.[9]) 이 세 법원法源 중 어디에도 주주 이익을 최우선시하도록 의무화하는 내용은 없다.

먼저 내부 기업법부터 살펴보자. 대부분의 주는 기업 정관 또는 설립 조항 — 모든 기업이 제출해야 하는 창립 문서founding document와 설립 규약에 해당 — 에 기업의 목적을 설명하고 사업 범위를 규정하는 확인 서술서affirmative statement를 포함하도록 허가 또는 규정하고 있다.[10] 만약 창업자가 원한다면 손쉽게 하나의 조항에 그 기업의 목적은 '주주의 이익'임을 (닷지 대 포드 판례를 따라서) 게재할 수 있다. 하지만 그런 조항은 우리가 살다가 유니콘을 만날 확률만큼이나 드물다. 압도적인 대다수 기업의 설립 허가서에는 간단히 기업의 목적은 '합법적으로' 할 일을 하는 것이라고 언급할 뿐이다.[11]

마찬가지로 주 법규도 주주를 최우선시한다는 관점을 오히려 거부한다. 가장 중요한 사례로 이야기를 시작해보자면 델라웨어 주의 기업 법안이 기업의 목적과 관련해 유일하게 언급하는 것은, 기업은 "어떠한 합법적인 사업과 목적을 수행하고 진작하기 위한 목적으로 설립될 수 있다"라고 재차 확인한 것뿐이다.[12] 나머지 대부분 주들의 기업 법규에도 주주를 우선시한다는 관점에 반하는 조항들이 있는데, 예를 들면 이사회는 주주뿐 아니라 임직원, 고객, 채권자, 사회 공동체와 같은 다른 구성원들의 이익도 고려해야 한다는 내용을 담고 있다.[13]

마지막으로 기업법에서 세 번째로 중요한 자료인 주 법원의 법률적 견해를 살펴보자. 닷지 대 포드와 같은 판결도 주 법원의 법률적 견해에 해당한다. 판례들을 살펴보면 판사들이 특별한 검토 없이, 다시 말하지만 부수적 의견으로서 이사회는 주주에게 의무를 지고 있다는 의견을 개진한 것은 많다.[14] 하지만 대부분의 법률적 의견은 이사회가 '기업과 주주에 대한' 의무를 가진다고 서술하는 식이다.[15] 공식적인 표현을 통해 기업과 주주는 서로 같은 존재가 아님을 명확히 한다.[16] 게다가 어떤 판례들은 명시적으로 이사회는 '그 기업'을 위한 최선의 의사 결정에서 주주의 부 이상의 것을 살펴보아야 한다고 언급한다. 예를 들어 1985년 유노컬 사Unocal Corp. 대 메사페트롤리엄 사Mesa Petroleum Co. 판례의 법률 의견에서, 델라웨어 대법원은 사업 거래의 경중을 따질 때 이사회는 "주주 이외의 (다시 말해, 채권자, 고객, 임직원, 어쩌면 공동체 전체) '구성원'에게 미칠 영향"을 고려할 수 있다고 판시했다.[17]

하지만 닷지 대 포드 판례와 마찬가지로 그러한 법률적 견해는 부수적 의견으로 남아 있다. 우리가 기업의 목적과 관련해 법이 규정하는 것이 무엇인지를 제대로 알려면 단순 의견 이상의 것들을 살펴보아야 한다. 그렇다면 과연 법원은 이사회가 주주의 부를 극대화하지 않았을 때 실제로 책임을 물을 것인가? 여기서 셜록 홈스의 유명한 분석을 따라 해보면, 중요한 법적 단서는 바로 짖지 않는 개이다. (아서 코난 도일의 탐정 소설 〈실버 블레이즈Silver Blaze〉에서, 셜록 홈스는 말을 도난당한 날 밤에 그곳에 있던 개가 짖지 않았다는 사실을 근거로, 말을 훔친 사람은 개에게 낯선 사람이 아니라는 추리를 해낸다. 이와 비슷한 논리로, 저자는 미국의 주 법원에서 주주의 부를 극대화하지 않았다고 해서 이사회와 경영진에게 법적 책임을 물은 판례가 없다는 것은 법적으로 그런 책임이 없다는 증거가 될 수 있다고 본 것이다. ― 옮긴이) 판사들이 상장기업의 목적이 무엇이어야 하는지 이야기할 때는 아마도 다른 것에 대해 이야기할 것이다. 판사들은 상장기업이 여러 목적을 가지고 있는데 이사회나 경영진이 그중 하나를 달성하는 데 실패한다고 해서 법적 제재를 가해야 한다고 생각하지 않을 것이다. 특히나 상장기업의 이사회가 주주의 부를 극대화하지 않았다고 해서 재판부가 이사회에 법적인 책임을 물을 리가 없다.

주주 최우선주의를 배제하는 '경영 판단의 원칙'

그 이유는 '경영 판단의 원칙'이라고 불리는 중요한 기업법 원칙에서 찾을 수 있다. 경영 판단의 원칙이란 간략히 말해서, 이사진이 개인적으로 이해관계의 충돌이 있을 때 비윤리적인 결정을 하지 않고 합리적 수준에서 관련 정보를 알리려고 노력하는 한 — 설사 내려진 결정이 주주 가치에 부정적인 영향을 준 것으로 보일지라도 — 법원이 이사회의 결정이 과연 기업을 위해 최선이었는지 의심하며 추궁하지 않을 것이라는 입장이다. 유명한 예로, 시카고 컵스 야구단을 소유한 기업이 링글리 구장에서의 야간 경기를 거부한 사례가 있다. 야간 경기를 하면 관중 수와 순이익이 증가할 가능성이 매우 높아짐에도 불구하고, 사장인 (추잉 껌 회사의 상속자인) 필립 링글리Philip K. Wringley는 야구는 '낮에 하는 스포츠'여야 한다는 생각이 확고했고, 야간 경기를 위해 조명을 설치하면 주변 거주민들이 불편해질 것이라고 생각했다. 필립 링글리는 또한 자신은 컵스 야구팀의 금전적 성과에 크게 관심이 없다는 입장을 분명히 했다. 이런 결정이 기업의 순이익 확대 가능성을 낮출 수 있음에도 불구하고, 법원은 경영 판단의 원칙하에 컵스 이사회가 주간 경기만을 고수한 의사 결정은 사기나 불법, 이해관계의 상충이라고 할 증거가 없어 저지할 수 없다고 판

결했다.[18]

경영 판단의 원칙이 이사회가 주주 가치 이외의 목적을 추구하는 데에 얼마나 우호적인지 보여주는 더 중요한 사례는 델라웨어 판례인 에어 프로덕트 사Air products Inc. 대 에어가스 사Airgas, Inc. 간의 소송에서도 찾아볼 수 있다. 에어가스 사의 주식은 40~50달러대에 거래되고 있었다. 에어가스 이사회는 에어 프로덕트 사가 제시한, 에어가스 사의 주주들에게 주당 70달러를 지급하는 매력적인 인수안을 거부했다. 많은 에어가스 주주는 손쉽게 이익을 얻을 수 있는 이 인수를 원했다. 하지만 델라웨어 법원은 에어가스가 상장기업으로 남아 있는 한, 에어가스 이사회가 "인수와 같은 상황에서도 단기적으로 주주 가치를 극대화할 의무를 지고 있는 것은 아니다"라고 판결했다.[19] 사적인 이해관계가 없고 전문 지식이 있는 이사회는 '장기적' 관점을 추구하려는 입장에서라면 당일의 주식 가격을 접어둘 자유가 있고, 또한 '기업의' 장기적 이익에 도움이 되는 결정을 할 자유가 있다는 뜻이다.

사실 델라웨어 법원이 주주 가치 극대화 실패에 대해 이사회에 책임을 물은 사례로 단 하나의 중요한 현대 판례가 있는데, 그것은 1986년 레블론 사Revlon, Inc. 대 맥앤드류스 앤드 포브스 홀딩스 사MacAndrews & Forbes Holdings, Inc. 간의 사건이다.[20] (닷지 대 포드 판례가 석연치 않게 인용되듯이 레블론 판례 역시 주주 최우선의 가치를 옹호하는 사람들이 주주의 부 극대화를 지지하는 사례 중 두 번째로 자주 등장하는 판례이다.) 레블론 판례의 특이한 점을 잘 살펴보면, 그 판례가 주주 최우선의 가치를 입증하는 예외적인 사례라는 점을 알 수 있다. 레블론 이사회는 상장기업인 자사를 사적인 주주 집단에 매각하여 비상장기업으로 전환하기로 결정했다. 다시 말해서 레블론 이사회는 '비상장화(상장 철회)'를 추진하고 일반 주주들에게 기업 투자에 대한 이익을 포기하고 현금이나 다른 주식을 받도록 요구할 계획이었다. 이 상황에서는 이사회가 장기적으로 기업의 이익에 도움이 되는지 고려할 대상인 상장기업이 존재하지 않는다. 이런 상황하에서 델라웨어 대법원은 경영 판단의 원칙이 적용되지 않으며 레블론의 이사회는 (곧 주주의 자격을 잃게 될 수 있는) 일반 주주들이 최고의 가격을 받을 수 있도록 의무를 다해야 한다고 판결했다.

다시 말해서 상장기업이 상장을 폐지하려는 상황에 한해서만, 이사회가 경영 판단의 원칙에 대한 보호를 포기하고 일반 주주들의 부를 유일한 목표로 삼아야 한다는 의미이다. 이후의 델라웨어 판결들도 이 점을 재차 확인했는데, 상장기업이 계속 상장기업으로 남아 있는 상황에서는 레블론 이사회에 요구되었던 주주의 부 극대화의 의무는 없다고 판결했다.[21] 이 논리에 따라, 에어가스 이사회가 상장 폐지를 원하지 않았던 상황에서 경영 판단의 원칙에 대한 보호를 주장하여 에어 프로덕트의 에어가스 인수 제안을 거절할 수 있었고, 제안된 인수 프리미엄이 에어가스 주주들의 부를 상당히 증가시킬 수 있는 상황에서도 법원은 이사회의 손을 들어주었던 것이다.

따라서 경영 판단의 원칙은 상장 폐지를 고려하는 상황이 아니라면 상장기업 이사회가 기업의 수익과 자산을 위해 어떤 의사결정을 해야 하는지와 관련해 상당한 범위의 자유재량을 보장한다. 이사회가 자신들을 위해 자산을 사용하는 것이 아니라면 이사회는 기부를 할 수도 있고, 임직원들의 임금을 올리거나 복리후생을 확대할 수도 있고, 채권자들에게 도움이 되도록 현금을 더 보유하기 위해 배당을 지급하지 않을 수도 있으며, 공동체, 사회, 환경에 이익이 되는 저수익의 프로젝트를 추진할 수도 있다. 주주 가치가 — 늘어나지 않는 정도가 아니라 — 줄어드는 결과가 있을지라도 이사회는 이 모든 일들을 할 수 있는 것이다.

그럼 무엇을 추구하나?

기업의 목적에 대한 현대적인 토론을 위해 이제 닷지 대 포드 판례의 망령을 떨쳐버릴 때이다. 통념과는 반대로 미국의 기업법

(판례, 법률, 조례)은 이사회가 기업의 다른 목적을 위해 주주 가치를 희생시킬 수 있는 권한을 열렬하게 지지한다. '기업의 장기적 관점에서' 최선의 결정이었다고 이사회가 주장하는 한, 법원은 이해관계에 얽매이지 않은 이사회의 결정을 존중할 것이다. 그것이 설사 오늘의 주가를 떨어뜨리는 결과를 가져오더라도 말이다.

법적 관점에서 봤을 때 주주 가치의 극대화는 결코 의무 사항이 아니며, 기업의 많은 목적 가운데 하나일 뿐이다. 이사회와 경영진이 주주 가치를 극대화하기 위해 기업을 운영할 수 있지만, 기업 설립 허가서에서 구체적으로 제한하지 않는 한 그들은 합법적인 어떤 목적도 추구할 자유가 있는 것이다. 주주 가치 극대화는 경영상의 의무가 아니라 단지 선택 사항일 뿐이다.

그런데 주주 가치의 극대화는 과연 최선의 선택일까? 비록 법은 이사회와 경영진에게 주주 가치 극대화를 의무화하지는 않지만, 그 목적을 추구하는 것이 주주의 이익에, 또는 사회 전체의 이익에 가장 도움이 되는 것일까?

다음 장에서는 주주 가치의 사고를 규범적인 관점에서 살펴볼 것이다. 비록 법은 주주 가치 극대화를 의무화하고 있지 않지만, 기업 경영의 철학적 입장에서 주주 가치 극대화가 최선이라는 주장이 있을 수 있다. 주주 가치 극대화만 추구함으로써 결국 기업이 사회에 기여할 수 있는 최선의 결과를 가져올 수 있다면 말이다. 앞으로 살펴보겠지만 이런 관점 또한 잘못되었다고 결론 낼 충분한 근거가 있으며, 기업의 '주인-대리인' 모델이라는 경제 이론에 따라서도 근본적으로 잘못된 생각임을 확인할 것이다.

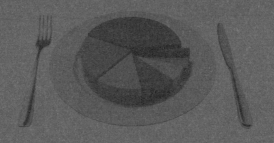

3장

주주 최우선주의,
기업 경제를 배신하다

주주 최우선주의라는 발상은 일반인, 저널리스트, 경제학자, 그리고 비즈니스 리더들에게까지 엄청난 관심을 불러일으켰다. 하지만 앞에서 살펴본 것처럼 미국의 법은 실제로 주주 최우선주의를 강제하지 않는다. 많은 법률 전문가가 이 불일치를 인식하고 있다.[1] 예를 들어 한스만과 크라크만은 그들의 영향력 있는 글 〈기업법 역사의 종말〉에서 주주 가치의 관점과 기업법의 실질 규범 사이에 명백히 큰 차이가 존재하므로 주주 가치적인 사고 때문에 결국 기업법이 '개정될' 수도 있을 것이라고 주장했다. 결국 그들은 암묵적으로 현재의 '개정되지 않은' 법의 현실이 주주 최우선주의의 이상에서 괴리된 상태라고 본 것이다.[2]

그럼에도 불구하고 오늘날 많은 법학자가 주주 가치적 사고를 마치 따르고 지켜야 할 규범적 목표인 듯 적극적으로 받아들이고 있는 실정이다. 그들은 비록 법이 주주의 부 극대화를 의무화하고 있지는 않지만 그렇게 **되어야 한다고** 믿는다. 주주 중심의 모델이 대세가 되면서 한 세대 동안 미래 개혁가를 꿈꾸는 전문가들이 지치지 않고 열성을 다해서 새로운 방식으로 기업 지배 구조를 '개선'하면 경영자들이 주주 가치에 더욱 집중할 수 있을 것이라고 생각했다. 예를 들어 여러 학자가 이사회와 경영진의 보수 체계를 주가와 연동할 것을 권장하는 연구물을 쏟아내고 있다.[3] 자주 등장하는 또 하나의 주장은 기업이 '시차 이사회 제도'나 '포이즌 필poison pills'(기업 사냥꾼을 막는 독약이라는 뜻으로, 적대적 기업 인수나 경영권 침해를 막기 위한 기업의 경영권 방어 수단 — 옮긴이)을 포기하도록 해야 한다는 것인데, 이런 제도는 에어가스의 사례처럼 이사회가 높은 인수 가격을 제안해서 적대적 인수 시도를 막아내도록 한다.[4] 또 다른 관점으로 차별적 주식 체계classified share structures를 없애서 상장기업이 '주주 민주주의'를 더욱 확대해야 한다는 제안이 있다. 차별적 주식 체계를 통해 일부 주주는 더 많은 투표권을 보장받기도 하고 때로는 이사 해임안을 상정할 때 반대 주주가 위임장 대결을 통해 기업 기금을 사용할 수도 있다.[5]

주주 최우선주의의 학문적 근간: 주인-대리인 모델

미국의 기업 지배 구조를 기형적으로 만든 주주 가치라는 개념
은 어디에서 기원했을까? 어쩌다가 주주 가치 극대화가 누구나
미국의 이상이라고 생각하게 되었을까? 주주 가치적 사고가 최
근의 기업 스캔들이나 참사에 대응하여 등장한 것이라고 설명할
수는 없다. 그 기원은 적어도 밀턴 프리드먼이 〈뉴욕 타임스〉 일
요판에 주주에게 보내는 찬가를 기고했던 1970년으로 거슬러 올
라간다.[6] 기업이 주주의 부를 극대화해야 한다는 명제는 엔론과
AIG 같은 기업의 이름이 오르내리기 전인 1980년대 초반부터 경
제학과 법률 분야에 이미 널리 퍼져 있었다. 이 모델은 어떤 경험
이나 증거에 의해서가 아니라 기업의 주인-대리인 모델the principal-
agent model이라고 불리는 매혹적인 아이디어로부터 비롯되었다.

기업의 주인-대리인 모델은 경영대학원장이던 윌리엄 메클
링과 금융 경제학자 마이클 젠슨이 〈저널 오브 파이낸스Journal of
Finance〉에 발표한 논문과 관련이 있다. 그 논문은 '기업론The Theory of
the Firm'이라는 야심 찬 제목으로, 사업 또는 '기업(본인)'의 주인이
매일매일의 사업을 관리하기 위해 누구인가(대리인)를 고용할 때
벌어지는 경제 문제를 설명한 것이다. 대리인(경영자)이 모든 업
무를 수행하고 소유자(주인)는 사업에서 나오는 모든 이익을 얻기

때문에, 자신의 이익을 추구하는 대리인은 주인의 비용이 발생하는 상황에서 게으름을 피우거나 심지어는 훔칠 수도 있다. 그 결과 소유와 경영이 분리되면서 '대리인 비용'이 발생하게 된다.

오늘날 경영학계에서 가장 많이 인용되는 논문이기도 한 젠슨과 메클링의 연구는[7] 특별한 설명도 없이 기업의 주주는 주인(소유자)의 역할을 하고 '관리자(이사회와 경영진)'는 주주의 대리인이라고 가정했다. 하지만 젠슨과 메클링은 경제학자이지 사업가나 기업법 전문가가 아니었다. 이 논문은 상장기업에서 이사회, 경영진, 주주, 채권자와 다른 이해관계자들 간의 실제 경제 구조를 제대로 파악하지 못한 것이었다. 그럼에도 불구하고 주인-대리인 모델은 기업법의 복잡한 비즈니스를 설명하는 데 열기를 불어넣은 경제 이론으로서의 역할을 완벽하게 수행하며 법학과 경제학 분야에서 활기차게 받아들여졌다. 이르게는 1980년에 시카고대 로스쿨의 리처드 포스너Richard Posner와 스탠퍼드대 로스쿨의 케네스 스콧Kenneth Scott이 출간한 《기업법과 증권거래법의 경제학 The Economics of Corporate Law and Securities Regulation》이라는 책에 젠슨과 메클링의 연구가 포함됐다.[8] 주인-대리인 모델은 1991년에 시카고대 로스쿨 출신의 프랭크 이스터브룩Frank Easterbrook과 대니얼 피셸 Daniel Fischel이 《기업법의 경제 구조The Economic Structure of Corporate Law》라는, 현재까지도 영향력 있는 기본서를 출판함으로써 보다 뿌리깊게 학문적 체계 안에 편입되었다.[9] 2001년까지만 해도 한스만과 크라크만은 표준적인 주주 중심의 기업 모델이 '이상적인 헤게모니'를 달성했다고 선언할 기세였다.[10]

주인-대리인 이론의 기본 전제

'표준적인' 주인-대리인 모델은 기업의 경제 구조와 관련하여 다음 세 가지 핵심 내용을 전제한다. (저자가 '표준적인standard' 주인-대리인 모델, 또는 '전형적인conventional' 주주 가치적 사고라는 표현을 사용하는 이유는 처음 주주 가치 관점이 소개된 이후에 변형된 모델들이 등장하기 때문에 수정되기 전 초기 주주 가치 관점으로 논의를 한정하기 위한 것으로 보인다. ─ 옮긴이)

1. 주주가 기업을 소유한다.
2. 주주는 기업의 잔여 청구권자인데, 이는 기업이 채무자, 임직원, 고객, 협력 업체에 지고 있는 모든 계약 의무를 다 이행한 이후에 남은 모든 이익을 주주가 가지게 된다는 의미이다.
3. 주주는 이사진과 경영자를 고용해서 그들이 주주의 대리인으로 행동하도록 지시하는 주인이다.

이 세 가지 전제는 기업의 표준적인 주인-대리인 모델의 기본적인 문제점을 드러낸다. 냉정히 말해서 **이 모델은 잘못됐다.** 윤리적이나 도덕적인 면에서 잘못됐다는 게 아니다. 주인이 대리인을 고용한다는 점에 대해 반대할 이유가 없다. 하지만 기술記述적인 면에서 이 모델이 잘못되었다는 점은 명백하고 또한 증명 가능하다. 젠슨과 메클링의 간단한 이 모델이 포착하고 있는 상장기업의 경제적 실체는 주주 수천 명과 임원 수십 명, 이사 열두 명 남짓으로 구성된다. 이 표준적인 모델은 아마도 일부 '회사firms,' 특히 개인 사업체 또는 빚이 없이 한 사람이 지분 전체를 소유한 사업체의 모습을 묘사하는 것일 수 있겠다. 하지만 이 모델은 상장기업의 경제 구조를 완전히 잘못 설명한 것이다. 왜 그런지 확인하기 위해서 위에 언급한 세 전제에 대해 다시 한번 이야기해보자.

첫 번째 잘못된 전제: 주주가 기업을 소유한다

일반인과 저널리스트, 심지어 밀턴 프리드먼 같은 경제학자들은 종종 무심코 주주가 기업을 '소유하고 있다'고들 이야기한다. 때로는 — 이 분야에 대해 더 잘 알고 있을 — 법대 교수들조차 별고민 없이 같은 이야기를 되풀이한다. 하지만 법률적인 관점에서 주주는 기업을 소유하는 것이 아니며 소유할 수 없다. **기업은 독립적인 법인으로 스스로 존재한다.** 자연인이 누구에게 소유당하는 것이 아니듯이 말이다.

성인이라면 자신의 이름으로 재산을 소유할 수 있고, 계약을 체결할 수 있고, 불법 행위를 저지르면 법적 책임을 진다. 기업도 이 모든 것들이 똑같이 해당된다. 법률가가 아닌 사람이라면 기업과 같은 무형의 추상적 기관이 '법인'이 될 수 있다는 관념이 머릿속에 잘 그려지지 않을 수도 있겠다. 하지만 법은 오랫동안 '기업' 법인에 자연인에 해당하는 법적 자격을 부여하는 방향으로 형성되어왔다. 비즈니스 기업체뿐만 아니라 대학, 위탁 사업체, 마을, 지방자치단체, 로마 가톨릭교회와 같은 비영리 단체들에도 마찬가지이다. (이 각각의 법인들은 주주 없이도 제 역할을 감당하고 있다는 점을 언급하는 것이 좋겠다.)

그렇다면 주주는 무엇을 소유하는가? '주주shareholder'와 '주식 보유자stockholder'라는 이름이 답을 알려준다. 주주는 **주식을 소유한다.** 결국 한 주의 주식은 단순히 주주와 기업 간의 계약일 뿐이며, 그 계약 내용은 제한된 상황에서 매우 제한된 권리를 주주에게 준다는 것이다. (어떤 주주가 애플 사의 주식을 소유했다고 해서, 그 주주에게 애플스토어에 가서 거기 있는 제품들을 마음대로 가져다가 쓸 권리가 생기는 것이 아니다.) 이런 점에서 주주는 채권자, 협력 업체, 임직원과 특별히 다를 것이 없다. 이 모두 기업 법인과 계약 관계를 맺었을 뿐이다. 그 누구도 기업을 '소유'하는 것이 아니다.

사실 기업과 주주가 서로 계약 관계에 있다고 인식하는 순간, 주주 최우선을 위한 '소유권'에 대한 주장은 경제 이론으로서의 지위가 무너진다. 밀턴 프리드먼이 〈뉴욕 타임스〉에 주주 소유권이라는 개념을 주창한 지 3년도 되지 않아, 노벨상 수상자인 피셔 블랙Fischer Black과 마이런 숄스Myron Scholes는 옵션 가격 결정에 대한 매우 유명해진 논문을 발표하는데, 이 논문이 바로 최신 옵션 이론의 토대가 되었다.[11] 블랙과 숄스가 밝혀낸 원리는 다음과 같다. 기업이 채무를 지는 순간 채권자는 그 기업의 미래 수익에 대한 권리를 획득함과 동시에 주주에게 콜 옵션(어떤 기준 이상으로 오르는 기업 가치에 대한 권리)을 파는 것이고, 주주는 기업의 수익에 대한 권리를 획득하는 대신 채권자에게 풋 옵션(어떤 기준 아래로 기업 가치가 떨어지는 손실에 대해 책임을 지지 않을 권리)을 사는 것이다. 다시 말하면 옵션 이론의 관점에서 보면 주주와 채권자 모두 평등하게 — 동시에 모두에게 불합리하게 — 기업의 '소유권'을 차지한다.

그렇다면 기업, 특히 채무를 지고 있는 상장기업을 주주가 소유한다고 누가 함부로 이야기할 수 있을까? 아무도 그렇게 말할 수 없고 그래서는 안 된다. 기업은 소유되지 않고 독립적으로 존재하고, 채권자, 임직원, 협력 업체와 계약을 맺는 것과 마찬가지로 주주와도 계약 관계를 갖는다.

두 번째 잘못된 전제: 주주는 잔여 청구권자이다

두 번째 통념은 많은 전문가가 주주 우선주의가 규범적으로 바람직하다고 생각하는 근거이기도 한데, 바로 주주는 기업의 '잔여 청구권자'라는 생각이다. 경제학에서 잔여 청구권자라고 하면, 사업을 운영하면서 감당해야 하는 기본적인 법적 책임(예를 들면 채권자에게 이자를 지급하고 임직원에게 임금을 지급하고 정부에 세금을 내는 것)을 다 지고 난 다음에 남는 이익을 모두 챙길 권리를 갖는 자를 의미한다. 주주 최우선주의 관점에 따르면 주주는 상장 기업의 유일한 잔여 청구권자이다. 임직원, 고객, 채권자, 협력 업체 등 다른 이해관계자들은 법과 정식 계약에 의해 규정된 최소한만을 기업으로부터 받는다. 이 법과 계약이 의무화하는 것만 충족되면 나머지는 모두 주주에게, 오직 주주에게만 돌아가는 것이다.

주주가 기업의 잔여 청구권자라는 믿음은 자연스럽게 주주의 부가 극대화되면 사회 전체의 부가 극대화될 것이라는 생각으로 이어진다. 결국 나머지 기업 이해관계자의 이익은 미리 정해진 대로 보장되었으니, 주주의 잔여 이익의 가치를 높일 수 있는 유일한 방법은 기업 가치를 올리는 것뿐이라는 것이다.[12] 그러나 반대로 주주 이익의 가치가 감소하면 이는 곧 기업의 가치가 떨어지는 것을 의미한다.

아이디어는 명확하고 우리를 혹하게 하지만 이것은 잘못된 것이다. 왜 그런지를 이해하기 위해 '주주는 잔여 청구권자'라는 생각이 파산법에 뿌리를 두고 있다는 것으로 논의를 시작하는 것이 좋겠다. 파산법에 따르면 법원은 청산 절차를 밟는 기업의 자산을 분배할 때 임직원, 채권자, 다른 외상 거래처 등의 청구를 모두 지불한 후 마지막으로 주주에게 지급한다. 하지만 UCLA의 연구자인 린 로푸키Lynn LoPucki에 따르면, 파산의 경우에도 법원은 종종 채권자에게 주식 소유자의 손실을 일정 정도 부담하도록 판결한다.[13] 더 중요한 것은 파산법원이 청산 절차상에 있는 기업을 어떻게 처리하는지를 기준 삼아서, 멀쩡히 잘 운영되고 수익을 내고 있는 기업의 기능function을 판단하는 것은 부적절하다는 점이다. 잘 돌아가고 있는 기업은 운명을 다한 기업과는 근본적으로 다른 처지이다. 이는 살아 있는 말(경주용이든지 반려동물이든지 간에)을 죽은 말(죽은 말이 어떻게 사용될 수 있을지는 모르겠지만 그것으로 접착제를 만들든 동물용 사료를 만들든지)과는 근본적으로 다르게 여기는 것과 마찬가지이다.

만약 성공적으로 잘 돌아가고 있는 기업에 초점을 맞춘다면 서술적인 관점에서 주주가 기업의 잔여 청구권자라는 주장은 한눈에 잘못되었음이 명백하다.[14] 파산의 경우가 아니라면 기업이 법적 책임을 다했다고 해서 남은 모든 이익을 주주에게 돌리는 것은 심각하게 잘못된 방향으로 가는 것이다. 반대로 주주는 다음 두 가지 조건이 만족되지 않으면 운영 중인 상장기업으로부터 한 푼도 얻을 수 없다. 첫째, 기업법의 일반 원칙에 따르면 이사회는 기업이 재정적으로 충분히 양호한 상태일 때만 배당 지급을 허용할 법적 권리를 갖는데, 그 양호한 상태는 (회계 용어로) '이익 잉여금' 또는 '영업 이익'이 충분한가를 기준으로 판단한다.[15] 둘째, 이사회가 배당 지급을 선언함으로써 법적 권리를 실제로 행사하지 않는 한 배당은 지급될 수 없다.[16]

이사회가 배당 지급을 원하지 않는 한, 위 두 가지 조건이 동시에 만족되지 않는다는 것을 반드시 상기할 필요가 있다. 기업의 재무 건전성과 배당을 지급할 법적 능력에 초점을 맞추면, '이익 잉여금'과 '이익'은 이사회가 막대한 영향력을 행사할 수 있는 회계상의 개념이다. 이 두 개념은 모두 기업이 돈을 얼마나 벌어들이는가(수입)뿐만 아니라 얼마나 사용하는가(지출)에 의해서 정해진다. 이사회는 항상 수입을 높일 수는 없지만 지출을 늘릴 수는 있다. 만일 기업에 현금이 쌓이면 이사회는 회계상의 이익을 높게 할 수 있다. 아니면 경영진의 임금을 올려주거나 직장 보육 시설을 마련할 수도 있고, 고객 서비스를 향상시키거나 퇴직자의 복지 혜택을 늘리거나 사회 공헌을 위한 기부를 할 수도 있다. 그러므로 기업이 수익을 많이 올렸을 때에도 이 수익을 재무제표상에서 어디에 얼마나 가게 할지, 결국 주주에게 얼마나 돌아가게 할지를 결정하는 것은 이사회인 것이다.

다음으로 기업이 법적으로 배당을 지급하기에 충분한 이윤이나 이익 잉여금을 보유한 경우라고 하더라도 이사회가 배당 지급을 결정할 의무를 지는 것은 아니며 종종 배당을 유보하기도 한다. 미국 기업들의 경우 주주에게 적은 배당금만을 지급하거나 아예 지급하지 않고, 가장 큰 몫을 미래를 위한 투자에 사용하는 경우가 흔하다. 이러한 결정으로 기업의 주가가 높아진다면 주주들도 간접적으로 경제적 이익을 얻는다. 하지만 그 이익은 간접적일 뿐이고, 결정은 이사회에 달려 있다. 만약 이사회가 기업을 고객과 임직원들을 위해 운영하고자 한다면 — 또는 단순히 사업의 기초를 튼튼히 하기 위해 운영하고자 한다면 — 수익이 여러 비용에 사용되면서 주가는 떨어질 것이다.

이 말은 결국 잘 운영되고 있는 상장기업의 주주를 그 기업의 잔여 청구권자로 보는 것은 아주 잘못되었다는 의미이다. 주주는 기업이 재정적으로 탄탄한가 아닌가에 따라 이익을 얻기도 하고 손해를 볼 수도 있다는 점에서 기업의 여러 잔여 청구권자이자 위험 감수자 중의 하나일 뿐이며, 이는 이사회의 결정 사항이다. 기업이 잘 굴러갈 때에는 이사회에서 주주에게 더 많은 배당 지급을 결정할 수 있다. 하지만 배당에 더해서, 혹은 배당 대신 이사회가 직원들의 임금 인상과 고용 보장을 위해 수익을 사용하거나, 경영자를 위한 전용기를 구입하거나, 혹은 그냥 현금을 더 보유해서 채권자들이 기업이 파산할 위험을 덜 부담하게 해줄 수도 있다. 반대로 시기가 좋지 않을 때에는 이해관계자들도 주주와 마찬가지로 어려움을 겪는다. 임직원은 구조 조정을 당하고, 경영진이 이코노미석을 타고 출장을 다녀야 하고, 채권자들은 채권 등급 하락을 감당해야 한다. 파이가 커질 때에는 더 커진 파이를 여러 그룹에 나누어주고 파이가 줄어들면 그 손실도 여러 그룹이 나누어 지도록 조절하는 것이 바로 이사회이다. 기업 스스로가 잔여 청구권자이며, 기업의 남은 이익으로 무엇을 할지 결정하는 것은 이사회의 몫이다.

세 번째 잘못된 전제:
주주는 주인이고 이사회는 대리인이다

마지막으로, 기업의 주인-대리인 모델과 관련한 세 번째 기본 바탕은 주주와 이사회가 바로 주인-대리인의 관계라는 것이다. 다시 한번 이야기하지만 이 전제도 잘못되었다.

법률상 '주인'이라는 단어는 일반적으로 어떤 사람('대리인')을 자신의 이익을 위해 일하도록 고용한 주체를 의미한다. 그러므로 주인은 고용인의 채용 이전에, 그리고 그와 독립적으로 존재한다. 하지만 기업 구성에서는 기업의 '설립자'가 기업을 위해 일해 줄 이사회를 반드시 지정하는 것이 첫 번째 요건이다. 이사회가 존재한 이후에야 비로소 기업은 주식을 발행하고 주주를 모집할 권한과 능력을 갖게 된다.[17] 기업 자신과 ('대리인'으로 여겨지는) 이사회가 먼저, 그리고 독립적으로 존재해야만 ('주인'으로 여겨지는) 주주가 존재하는 것이다.

더 중요한 것은 대리권의 중요한 특징이 주인이 대리인의 행위를 통제할 권한을 가지고 있다는 점이다.[18] 그러나 기업법의 가장 근본적인 원칙 중 하나는, 기업은 이사회에 의해서 통제되는 것이지 주주에 의해서 통제되는 것이 아니라는 점이다.[19] 물론 기업법이 이사회를 통해 주주가 특정 권한을 행사하는 것을 허용하지 않는다는 의미는 아니다. 사실 주주에게는 세 가지 권한이 있다. 의결권, 소송권, 주식 처분권이다. 하지만 이 세 권한 모두 상장기업의 이사들을 주주의 명령대로 움직이게 하거나 주주의 이익을 위해 일하도록 만들기에는 실효성이 상당히 떨어진다.

먼저 주주 의결권을 생각해보자. 법적 관점에서 이 권한은 상당히 제한된 범위 안에 있는데, 주로 이사를 선출하고 해임하는 권한이다. 상장기업의 주주들은 기업의 최고경영자를 선출할 권한을 가지고 있지 않다. 또한 기업에 배당 지급을 강제할 권한도 없고, 이사들이 수익을 직원의 의료 혜택이나 사회 공헌, 경영자를 위한 전용기 등에 헤프게 사용해도 막을 수 없고, 자산이나 기업 자체를 팔아치우도록 의결할 수 없다. (다만 이사회가 제안하는 매각 또는 합병에 대한 거부권을 가지고 있다.) 의결 절차는 주주의 특권을 더욱 제한한다. 예를 들어 델라웨어 법에서는 오직 이사회만이 특별 주주총회 소집권을 가지며, 주주 연례 회의에서 이사를 선출하고 해임하기를 기다리는 주주들은 의결권 대리 위임장을 모으는 수고를 감당해야 한다. 가장 결정적으로 주주 행동주의Shareholder activism는 '공공의 이익'을 위한 대표적 사례일 뿐이다. 소유권이 수많은 주주에게 나누어져 있는 상장기업의 경우에는 주주 자신의 '합리적 무관심rational apathy' 자체가 단체행동으로 연결되기 어려운 장애물이 된다. 기업법의 대가인 로버트 클라크Robert

Clark의 말을 빌리면, 냉소적으로 말해서 상장기업의 주주 의결권은 '경영권에 정당성을 부여하기 위해 겉치레로 만들어진 의례적인 제도일 뿐'이라고 결론 내릴 만하다.[20]

기업의 경영진과 이사회가 주주의 부를 극대화하는 데 실패할 경우 선관주의의무fiduciary duty(선량한 관리자의 주의 의무) 위반에 대해 주주들이 가진 소송권은 어떤가? 2장에서 살펴봤듯이 주주의 권한은 실체가 없다. 경영진과 이사회가 기업에 대해 가진 선관주의의무는 그들이 기업에서의 위치를 이용해 기업의 비용으로 사적 이득을 취하지 못하게 하는 것이다. 그러나 경영 판단의 원칙에 따라서, 이해충돌권이 없는 이사의 경우에는 어떤 목적을 추구하든지 법적으로 거의 자유롭다. 이사회는 기업 자금을 기부에 사용할 수도 있고, 사회 공동체에 해를 끼칠지 모르는 수익 사업을 거부할 수도 있으며, 채권자에게 위험을 부담시킬 수 있는 위험한 프로젝트를 반대할 수 있고, 임직원과 사회 공동체의 이익을 보호하기 위해서 적대적 인수 입찰을 막을 수 있고, 심지어 주주가 요구할 때에도 배당 지급을 거절할 수 있다.[21] 주인-대리인 모델과는 반대로 상장기업의 주주는 이사회가 다른 이해관계자나 사회적 이익을 주주의 이익보다 우선시했다고 해서 그들을 상대로 간단히 승소할 수가 없다.

마지막으로 주식 처분권은 종종 마음 상한 개인 투자자가 불만을 표현하기 위해 '주식을 팔아치움'으로써 행사할 수 있다. 상장기업에 실망한 주주들이 집단으로 주식을 팔아치워서 주가를 떨어뜨리는 집단행동을 하는 것이다. 이 원칙과 관련한 중요한 예외는 적대적 인수의 경우인데, 상장기업의 주주들이 인수자 한 명에게 주식을 모두 팔아서 비상장기업으로 전환하는 것이다. 비상장기업으로 전환되면 이 한 명의 인수자는 집단행동 문제에 직면하지 않기 때문에 비협조적인 이사를 별다른 비용 없이 신속하게 제거할 수 있다. 1970년대부터 1980년대 초반까지 시카고 학파의 주장이 큰 관심을 얻으면서 금융산업의 변화로 적대적 인수 입찰이 더 쉬워졌고 '경영권 시장'이라는 활발한 움직임이 나타났다. 그러나 일련의 발 빠른 법적 대응 덕분에 적대적 인수 대부분이 막혔다. 거의 모든 주에서 적대적 인수 방지 법안이 통과되었고, 우버의 기업 변호사인 마틴 립턴Martin Lipton은 '포이즌 필'이라는 인수 방어책을 고안했다. 델라웨어 대법원에서는 (처음에는 이사회에 주주의 부 극대화를 의무화하는 것같이 보였던) 1986년 레블론 판결을 실질적으로 뒤집는 판결들이 불과 몇 년 후 내려졌다.[22] 그 결과 상장기업의 경제적 지배 구조하에서도 여기저기 분산된 주주들의 명령과 통제로부터 이사회를 계속 지켜줄 수 있게 되어, 상장기업이라는 네모난 모양의 마개가 '표준적인' 주인-대리인 모델이라는 둥근 구멍을 막아버리는 사태가 발생하지 않게 되었다.

왜 주인-대리인 모델을 끌어들였나?

조금 더 깊이 들여다보니 주주 가치 사고와 관련한 기업 구조의 세 가지 기본 전제 — 기업은 주주의 소유물이라는 것, 주주가 잔여 청구권자라는 것, 주주가 이사회를 대리인으로 고용한다는 것 — 모두가 사실상 잘못되었음이 드러났다. 자연스럽게도 이런 질문이 떠오른다. 그렇다면 2001년에 한스만과 크라크만이 발견한 것처럼, 우리는 왜 '이렇게 짧은 시간 동안에 기업의 구조와 지배 구조 관련하여 주주 중심 모델을 **규범적인** 기준으로' 바라보게 되었을까?[23] 만약 주주가 정말 기업의 소유자도, 잔여 청구권자도, 주인도 아니라면 왜 그동안 기업이 그런 식으로 운영되도록 해왔을까?

이 근본적인 질문에 대한 답변 일부를 기업 이론 연구에서 찾을 수 있다. 젠슨과 메클링이 지적했던 대리인 비용 문제를 해결하는 데 주주 최우선적 사고가 가장 바람직하다고 판단했기 때문일 것이다. 결국 이사회와 경영진도 사람일 뿐이다. 보다 폭넓은 자유재량을 가지고 주주뿐만 아니라 다른 이해관계자들, 더 넓게는 사회 전체의 이익을 위해 기업을 운영한다면, 그들은 부여받은 권한을 자신을 위해 사용할 수도 있다. 프랭크 이스터브룩과 대니얼 피셸이 1991년에 지적했듯이 "두 주인(한편으로 주주, 다른 한편으로 사회 공동체)을 섬기라는 지시를 받은 경영자는 오히려 둘 모두로부터 자유로워지고 둘 모두에게 책임을 다하지 않을 것이다."[24] 보다 최근에 하버드대 로스쿨의 마크 로Mark Roe가 말한 대로, 주주 가치 극대화는 기업 지배 구조의 최고의 법칙일 것이다. 왜냐하면 "이해관계자를 중시하는 경영 방침은 경영자들에게 너무 많은 자유재량권을 허용하기 때문에 자신을 위한 일들을 추진하기 쉽고 어쩌면 주주도, 임직원도, 소비자도, 국가의 부도 아닌 자신들의 이익만을 추구하게 될 수 있다."[25]

젠슨과 메클링의 표현으로 말하면 이사회의 자유재량이 대리인 비용을 발생시킨다. 그리고 젠슨과 메클링이 주장했듯이 대리인 비용은 주의 깊은 주인이 대리인의 성과를 측정하고 감시할 때 줄어들 수 있다. 오늘날의 기업 전문가와 비즈니스 리더들에게는 주주가 그 주인의 역할을 감당하는 것이 당연해 보이는 것이다. 또한 주주 가치에, 특히 기업 성과를 측정하기 위해 주가에 집중하면, 경영진이 자신들만을 위한 경영을 하면서 기업을 잘 운영하고 있다고 주장하기 어려워질 것이라고 생각한다.

하지만 이 모든 논리는 **이론적으로** 그렇다. 만약 주주 우선주의 주창자들이 가정하는 것처럼 대리인 비용이 크게 증가해서 경제 손실이 일어나면, 그래서 지배 구조가 바뀌어 이사회가 더 철저하게 주주의 이익을 대변하고 주주의 부를 증가시키는 데 더 집중하는 것이 정말 효과적인 솔루션이라면 우리는 현실 비즈니스 세계에서 그런 상황을 많이 볼 것이다. 주주 가치 극대화를 기업의 목적으로 삼는다면 기업 성과는 더 좋아져야 한다.

이제 주주 최우선주의 이론들이 그 자체로 얼마나 위험한지를 알아볼 차례이다. 객관적인 입장에서 주주 최우선주의 이데올로기가 기업법과 상장기업의 실질적 경제 구조와 어떻게 모순되는지 살펴볼 것이다. 그러고 나서 주주 최우선주의 이데올로기가 실제 사례로도 얼마나 이론과는 상반되는지 살펴볼 것이다.

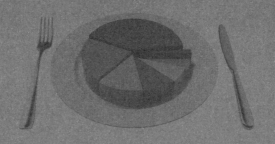

4장

주주 최우선주의,
증거를 왜곡하다

2장과 3장에서 주주 최우선주의 사고는 법으로 강제된 바가 아니고 상장기업의 실제 경제 구조와도 맞지 않는다는 것을 확인했다. 그럼에도 불구하고 만약 기업들이 원한다면, 법은 기업이 주주 가치라는 목표를 추구하도록 인정해준다. 예를 들어 (비록 우리가 살펴본 바와 같이 어떤 상장기업도 그렇게 하지는 않지만) 기업은 설립 허가서에 경영에서 주주를 최우선시하겠다고 명시할 수 있다.

하지만 주주 최우선주의의 주창자들이 자주 지적하듯이, 극단적인 정도로는 아니더라도 기업은 이사회와 경영진이 주주 가치라는 목표를 더 적극적으로 추진하도록 독려하는 전략을 취할 수 있다. 예를 들면 기업이 이사회를 '독립적'으로 구성해서(여기서 독립적이라는 말은 기업의 경영진이 아니고 채권자나 협력 업체 관련자도 아닌 사람들로만 이사회를 구성한다는 의미이다) 보다 주주의 이익을 추구하는 방향으로 집중할 수 있게 한다는 것이다. 이사회가 일반 주주들이 원하는 것에 더 관심을 가지게 하는 또 다른 전략은 기업이 한 주당 한 표만 행사할 수 있는 단일 주식만 발행하는 것이다. '이중 주식 구조dual class equity structure'에서는 특정 클래스의 주식에 더 많은 투표권이 주어지는데, 대체로 경영진이나 다른 내부 관련자가 이 주식들을 소유한다. (이중 주식 구조는 기업이 주식을 2가지로 구성하는 것이다. 예를 들어 구글은 클래스 A 주식과 클래스 B 주식을 나누어 구성했다. 클래스 A 주식은 1주당 1표의 투표권을 가지지만 클래스 B 주식은 1주당 10표의 투표권을 가진다. 클래스 B 주식은 구글의 공동 창업자 두 명과 경영진 극소수만이 소유하고 있어서 시장에서 거래되지 않는다. 주식 수로는 두 공동 창업자가 20여 퍼센트의 주식을 가지고 있지만 클래스 B 주식의 투표권을 10배로 환산하면 두 공동 창업자가 50퍼센트 이상의 투표권을 행사할 수 있다. ― 옮긴이) 주주가 이사회에 더 큰 영향을 주는 세 번째 방법은 '시차 이사회 제도'를 없애는 것이다. 시차 이사회 제도는 주주가 한 해에 이사진의 3분의 1만 선임하게 하는 제도이다. 이 제도를 없애면 의견을 달리하는 주주들이 한 번의 주주 투표 절차를 통해 이사진 전체를 쉽게 교체할 수 있게 된다. 이와 비슷하게 '포이즌 필'과 같은 적대적 인수 방지 조항을 없애면 이사회가 높은 가격으로 제안되는 적대적 인수 입찰을 막기 어렵게 되고, (인수당하지 않기 위해) 이사회는 주가를 높게 유지하는 데 더욱 주의를 기울여야만 한다.

만약 주주 최우선주의 이데올로기가 옳다면, 표준적인 주주 중심 모델의 이상에 가까워지는 기업은 이런 종류의 내적 지배 원칙과 구조를 받아들임으로써 그렇지 않은 기업에 비해 더 우월한 경제적 성과를 보여야 한다. 그리고 가장 중요하고 명백하게도 그 기업의 주가가 더 높고 투자자들에게 더 큰 수익을 안겨주어야 한다. 이런 사실은 고무적인 가능성을 제시해준다. 주주 가치의 사고가 최선인지 알아보기 위해 이론을 세울 필요조차 없다. 실제 데이터를 보면 주주 가치의 사고가 우수한지 아닌지 바로 드러날 것이기 때문이다.

주주 가치 이론의 분석: 결과는 불투명

오늘날 많은 금융경제학자와 법학자가 이 프로젝트를 시도해왔다. 법학과 경제학 저널에는 기업 성과의 다양한 변수들과 기업 지배 구조에서 '주주 친화적인' 요소들, 예를 들면 이사회의 독립성, 단일 주식 구조, 시차 이사회 제도와 포이즌 필 부재 등이 통계적으로 어떤 관계가 있는지를 연구한 논문들로 가득하다. 주주 중심의 기업이 더 우월함을 증명해 보이려는 수십 건의 실증 연구가 있었다. 그러나 안타깝게도 **주주 최우선주의가 실제로 기업의 더 좋은 성과로 나타난다**는 믿을 만한 결과는 발견되지 않았다.

가장 주목받는 실증 연구 2가지를 생각해보자. 하나는 주주 친화적인 지배 구조의 기업과 경영진 중심 기업 간의 성과를 비교하는 횡단면 분석법cross-sectional analyses이고, 다른 하나는 기업이 주주 우선주의적인 특정 '개혁안'을 도입했을 때 벌어지는 결과를 관찰하는 이벤트 스터디event studies(실적 이외에 기업의 주가를 움직이는 이벤트가 발생했을 때 이 변수가 주가에 미친 영향을 사후에 검증해 보는 통계 분석 기법 — 옮긴이)이다. 두 경우 모두 기본적인 방식은 (시차 이사회 제도, 다른 투표권을 갖는 이중 주식 구조와 같은) 내부 지배 구조의 요소들과 기업 성과를 측정하는 변수(주로 주가를 살펴보지만 영업 이익이나 '토빈의 큐Tobin's Q[기업의 자산 장부가와 주식시장에서 보는 기업 시장가의 비율]'와 같은 변수를 사용하기도 한다) 사이의 통계적 연관성을 조사하는 것이다.

이 실증 연구의 결과는 어땠을까? 모호하다. 예를 들어 기업이 여러 클래스의 주식을 가지면 어떤 일이 벌어지는지에 대한 실증 연구 결과 10여 건을 조사한 최근 연구가 있다. 그 결과 일부 연구는 이중 주식 구조가 성과에 영향을 미치지 않는다고 밝혔고, 약간 부정적인 영향을 끼친다는 연구도 있고, 다소 긍정적인 영향을 끼친다는 연구 결과도 있다.[1] 심지어 적어도 한 연구는 다층 주식 구조가 성과를 상당히 높여준다는 점을 찾아냈는데, 이는 표준적인 주주 최우선주의 모델이 예측하는 것과는 완전히 상반되는 결과이다.[2]

이와 비슷하게 기업의 성과와 이사회의 독립성 간에도 신뢰할 만한 관련성은 없어 보인다.[3] 적대적 인수 방어를 위한 포이즌 필과 시차적 이사회 제도의 영향도 연구마다 엇갈린 결과를 보이는 점은,[4] 이사진에게 보상으로 주식을 지급하는 것이 어떤 영향을 주는지에 대한 연구들과 마찬가지였다.[5] 2008년 신용위기 동안 미국 금융기관의 성과에 대한 연구에서는 주주 최우선주의 가치에 근접한 모습을 한 기업의 주가가 더 저조한 것으로 밝혀졌다.[6]

주주 중심 모델이 더 좋은 기업 성과를 낸다는 주장은 사실 그것을 뒷받침하는 실증적 증거가 부족하다고 알려져 있다.[7] 영향력 있는 기업 연구자인 예일대 로스쿨의 로베르타 로마노Roberta Romano는 일부 주주 중심의 지배 구조 개편은 '엉터리 기업 지배 구조'라고 비판한 바 있다.[8] 로마노는 콜로라도 대학의 샌제이 바가트Sanjai Bhagat, 휘트모어 경영대학원의 브라이언 볼턴Brian Bolton과 함께 집필한 설문 연구에서 "개별 지배 구조 메커니즘이 기업 성과에 미친 영향을 조사한 실증 연구에 의하면 개별 지배 구조가 항상 긍정적인 효과를 가져온다고는 할 수 없고 기껏해야 잠정적일 뿐"이라고 결론 내렸다.[9] 미국 컬럼비아 특별구DC의 항소법원은 2011년 증권거래위원회가 상장기업에 '의결권 대리 위임장 접근' 규칙proxy access rule을 허용한 결정을 통렬히 비판했다. 의결권 대리 위임장 접근 규칙이 허용되면 특정 주주들이 자신의 이익을 대변하는 이사회 후보자를 지명하고 선출하기 위해 기업의 자금을 써서 다른 주주들의 의결권을 대리 행사할 수 있기 때문이다. 더군다나 의결권 대리 위임장 접근을 허락하면 실제로 기업에 더 유리하다는 뚜렷한 증거가 있는 것도 아니다. 증권거래위원회는 이 규칙을 통해 주주가 이사 후보자를 추천하기가 더 쉬워져서 '이사회와 기업의 성과, 그리고 주주의 부 또한 향상시킬 것'이라고 주장하는데, 그렇게 결론 내릴 만한 증거도 찾을 수 없다.[10]

다이너마이트로 하는 낚시

개별 기업 관점에서 주주 중심의 지배 구조 활용과 기업의 성과 사이에 신뢰할 만한 실증적 연관이 현저히 부족하다면, 기업법을 '개정'하면 기업이 더 좋은 성과를 낼 것이라는 이전의 주장들은 설득력이 떨어질 것이다. 실제로 지배 구조와 기업 성과의 연관성에 대한 증거는 생각보다 더 미미하다. 왜냐하면 실증적 연구 대부분은 **개별 기업의** 수준에서 지배 구조의 변화가 경제적 성과에 미치는 영향을 조사할 때 대체로 며칠 또는 길어야 1~2년까지의 성과에만 초점을 맞춘다.[11] 이 연구들은 어쩌면 엉뚱한 곳을 엉뚱한 시간에 보고 있는 것인지 모른다. 개별 기업은 특정 시기에 특정 투자자의 부를 증가시키기 위해서 '주주 가치를 띄워 주는' 전략을 사용하지만 그와 반대로 **장기적으로는 전체 주주의 부를 감소시키는** 결과를 가져올 수 있다.

이 반反직관적인 아이디어를 이해하기 위해서 이런 상상을 한번 해보자. 우리는 물고기를 낚는 최상의 방법이 무엇인지 실증적 연구를 통해 알아보고자 한다. 가장 먼저 할 수 있는 생각은 특정 호수에서 낚시를 하는 낚시꾼 하나하나를 통계적으로 분석하는 것이다. 즉 각각의 기술에 따라 물고기를 얼마나 낚는지 비교하는 것이다. 그러면 아마도 미끼로 지렁이를 쓰는 낚시꾼이 작은 물고기를 쓰는 사람보다 물고기를 더 많이 잡는다는 사실을 확인하고 지렁이를 미끼로 쓰는 것이 더 효율적이라고 결론 내릴 것이다.

하지만 어떤 낚시꾼이 그 호수에서 다이너마이트를 폭발시킨 후 수면에 떠오르는 물고기를 다 걷어 올린다면 어떤 결과가 나올까? 통계 분석상 다이너마이트를 이용한 사람이 지렁이나 작은 물고기를 이용한 사람에 비해 물고기를 더 많이 잡으며, 전에는 미끼를 이용하다가 다이너마이트로 방법을 바꾼 낚시꾼들은 낚시 '성과'가 엄청나게 좋아졌다고 할 것이다. 그러나 사실상 다이너마이트를 이용한 낚시는 장기적인 평균 어획량을 감소시키고 결국 전체 물고기 개체수도 급감할 것이다. 다이너마이트는 개인 낚시꾼에게는 잠시 동안 좋은 전략이다. 그러나 장기적으로는 낚시업계와 낚시꾼들 모두에게 매우 해롭다. 다이너마이트를 이용하는 낚시는 개인의 탐욕과 집단의 행복 사이에 발생하는 전형적인 갈등, 즉 경제학자들이 '공유지의 비극'이라고 부르는 상태를 초래할 것이다.

이제 2부에서는 주주 가치적 사고가 구체적으로 어떤 경로를 통해 투자자들을 공유지의 비극 상태로 이끌어 결국 투자자들 전체에 악영향을 미치는지 알아볼 것이다. 여기서 잠시 표준적 주주 중심 모델을 실제 경영에 도입하면 개별 기업 주주가 아닌 전체 주주에게는 어떤 영향을 미치는지 실증적 연구 결과를 한번 생각해보자. 특히 표준적 주주 중심 모델의 도입으로 최근 몇 년간 평균 주주 수익률은 어떻게 되었는지 살펴보자. 또 최근에 기업들이 일반 투자자를 유치하고 유지하는 데 얼마나 관심이 있는지, 기업의 주주 친화성 정도에 따라 주주들의 주식 매입 성향이 어떠한지, 그리고 주주 가치를 최우선시하려는 이상을 좇았던 사법적 시도들은 상대적으로 얼마나 성공을 거두었는지도 함께 살펴보자.

주주 가치 이데올로기와 투자자 수익

우선 주주 평균 수익률의 문제로 접어들면서 이 점을 짚고 넘어가는 것이 좋겠다. 비록 미국의 기업법이 여전히 주주 최우선주의를 의무화하고 있지 않지만 실질적인 면에서 오늘날 상장기업은 20~30년 전 기업들보다 훨씬 더 주주 가치에 신경 쓰고 있다. 여전히 많은 개인 투자자가 직접 주식을 보유하지만 최근 수십 년 동안 더 많은 사람이 연기금과 뮤추얼펀드와 같은 투자 기관을 통해 간접적으로 투자한다. 연기금과 뮤추얼펀드는 많은 소액 투자자의 자금을 모아 개별 기업 단위로는 꽤 비중 있는 주식을 소유하게 된다. 그러므로 2장에서 설명했던 합리적 무관심 상황에서 벗어나 기업의 의사 결정에 영향을 끼칠 수 있다. 새로운 형태의 기관 투자가인 헤지펀드는 소수의 기업에 포트폴리오를 집중함으로써 '합리적 무관심'이 더 이상 합리적이지 않게 된다. (헤지펀드가 소수의 기업에 투자를 집중할 경우 주식의 상당량을 보유하고 영향력을 행사하는 대주주가 될 수 있기 때문에 무관심할 수 없게 된다는 뜻이다. — 옮긴이)

한편 주주 민주주의를 장려한다는 명분으로, 증권거래위원회는 지난 20년간 이사회가 주주들의 요구에 더 큰 관심을 갖도록 독려하는 여러 규정을 채택해왔다. 예를 들면 1992년에는 주주의 의결권 대리 위임장 규정을 수정해 기관 투자가 주주들이 서로 의사소통하고 조력하기 쉽게 만들었고, 2009년에는 (대체로 현직 이사에게 우호적인 투표를 하는) 주식 중개회사가 자사 고객이 소유한 주식에 배정되는 투표권을 행사하지 못하도록 했다. 경영진의 보수를 주식으로 지급하도록 함으로써 경영진이 주가에 더욱 촉각을 곤두세우게 되었으며 1993년 의회의 세법 개정을 통해 상장기업은 임원 보수를 객관적인 '성과' 지표와 연계하게 되었다. 최고경영자의 보수 중 스톡옵션이 차지하는 비중은 1994년 35퍼센트에서 2001년 85퍼센트로 증가했으며[12] 마지막으로 미국 상장기업 이사회와 경영진이 주주의 부를 극대화할 법적 의무를 지느냐 아니냐와는 무관하게(2장에서 그런 법적 의무가 없다는 것을 보였지만), 오늘날 그들은 그런 의무를 당연시하는 것으로 보인다. 컬럼비아 법대 교수인 제프리 고든의 말을 빌리면, 1990년대에 이르면서 "주주 가치의 극대화를 경영 성과의 핵심 과제로 보는 것이 경영 문화에 스며들었다."[13]

만약 주주 가치 사고가 그 옹호자들의 신념처럼 주주들에게 이롭다면, 많은 기업이 주주 중심의 지배 구조와 경영 방식으로 전환했으니 지난 20여 년간 투자자들의 평균 수익은 크게 증가했어야 마땅하다. 하지만 결과는 정확히 그 반대이다. 경영대학원 학장인 로저 마틴Roger Martin이 1933년부터 1976년(젠슨과 메클링의 주인-대리인 모델 논문이 발표된 해)까지 S&P 500(스탠더드 앤 푸어스 500대 기업)에 투자한 주주들의 연평균 실질 복리 수익률을 계산해보았더니 7.5퍼센트로 나왔다. 1976년 이후 이 수익률은 6.5퍼센트로 떨어졌다.[14] 이 추세는 1990년대 초 이후 일반 투자자에게 일어난 일을 보면 더 명백해진다. 1992년부터 1999년까지의 주가 상승 시기를 지나고 나면 — 다이너마이트를 이용해서 하는 낚시도 초반에는 어획량을 크게 높인다는 점을 기억하자 — 주주 수익률은 형편없어진다.

물론 어느 정도는 금융 관련 규제 완화, 2008년 신용위기, 미국 정치의 기능 장애와 같은 다른 요인들이 주주 가치의 시대the Age of Shareholder Value에 벌어진 형편없는 주주 수익률의 원인일 수도 있다. (하지만 이 점은 언급할 필요가 있겠다. 주주 가치적 사고 자체가 어느 정도는 금융 관련 규제 완화와 2008년 신용위기의 원인이기도 하다. 엔론과 씨티은행같이 주가에 집착하던 기업들이 로비를 통해 규제 완화를 이끌어 낸 것이다.[15]) 경제 성과와 같은 거시적 현상을 분석할 때 한 가지 원인을 꼭 집어내거나 혹은 일련의 요인을 밝혀내는 것은 불가능할지도 모른다. 그럼에도 불구하고 주식시장의 최근 성과를 봤을 때 주주 최우선주의가 펼쳐 보이는 주장에 대해서는 적어도 실증적 증거를 찾을 수 없다.

주주 가치 이데올로기와 상장기업

이제 주주 최우선주의에 대해 다른 차원의 생각을 해보자. 기업들은 과연 일반 투자자를 원하는가?

다시 한번 짚고 넘어갈 것은, 주주 가치적 사고가 일반 투자자에게 유리하게 작용하지 않았다는 실증이 있다는 것이다. 그랜트 손턴Grant Thornton 컨설팅 사의 연구에 따르면 1997년부터 2009년 사이 미국 증권거래소에 등록된 상장기업의 수는 39퍼센트 감소했고, GDP 성장률을 감안해 계산하면 무려 53퍼센트 감소한 셈이다. 토이저러스와 갭 같은 기업들은 전에는 상장기업이었지만 상장 철회를 하거나 일반 투자자 지분을 매입해서 사실상 폐쇄회사로 전환하고 있다. 동시에 비상장기업, 특히 스타트업은 주식 공모IPO를 통해 자금을 조달하려 들지 않는다. 그랜트 손턴에 따르면 "벤처 캐피털, 투자 펀드, 개인 기업을 통틀어 모든 경우에서 소규모의 신규 상장이 거의 사라진 지 10년은 되었다."[16]

물론 상장기업이 사업적으로 덜 매력적인 이유를 설명하는 다른 요인들이 있을 수 있다. 많은 시사 평론가가 과도한 규제, 특히 엔론 사태와 월드컴 스캔들 이후로 의회가 상장기업에 부과한 사베인스-옥슬리Sarbanes-Oxley 의무 조항(기업 회계 개혁 및 투자 보호법으로, 기업이 회계상의 허점을 악용하지 못하도록 있는 그대로 정확하게 보고할 의무 ― 옮긴이)을 원인으로 꼽는다. 많은 사람이 이 법안을 몹시도 반대했다. 그렇지만 중요한 것은 상장기업이 서서히 사라졌다는 사실이 미국의 기업 부문 안에 문제가 있고 또 그 기업 부문에 의해 문제가 발생한다는 사실을 말한다는 것이다. 비상장기업도 상장기업과 마찬가지로 자동차, 의약품, 소프트웨어를 생산할 수 있다. 사실 이탈리아, 인도, 남아메리카 등의 여러 나라에서는 비상장기업이 상장기업보다 더 일반적인 기업 형태이다.

하지만 앞으로 2부에서 살펴보겠지만 일반적인 투자자가 주식을 사고 싶어 할 만한 상장기업들이 상장을 철회하는 데에는 주주 가치적 사고의 부상이 어느 정도는 역할을 했다고 볼 만한 이유가 있다. 게다가 이런 기업들이 상장기업 목록에서 없어지면 일반적인 투자자가 손해를 입는다. 투자할 수 있는 선택이 줄어들고, 기업의 생산에서 발생하는 이익에 참여할 기회도 줄어들기 때문이다.

투자자들도 딱히 원하지 않는 주주 최우선주의 경영

이미 살펴본 바와 같이 투지지들 또한 자신이 투자한 기업이 주주를 최우선시하는 규약을 갖출 것을 반드시 요구하는 것 같지도 않다. 하지만 더 주목할 만한 것은 신생 기업이 상장하는 사례가 줄어드는 가운데, 상장하는 경우에도 많은 기업은 이중 주식 구조를 채택해 주주 투표권을 소수 주주에게 집중시켜서 기업 내부자가 경영권을 장악할 수 있게 한다는 점이다. 구글, 링크드인, 징가가 눈에 띄는 최근 사례이다. 이것은 주주 최우선주의와는 반대되는 움직임인데, **상장기업의 주주들 스스로** 적어도 어떤 기업의 주식을 살지 결정할 때만큼은 주주 민주주의에 특별한 가치를 두지 않는다는 뜻이다.

IPO 때 주식 매입을 고려하는 잠재 투자자들도 인터넷 덕분에 그 기업의 정관이 주주의 권리를 강조하는지 덜 중시하는지 쉽게 확인할 수 있다. 그럼에도 불구하고 그들은 구글과 같이 주주의 권한을 축소하는 기업의 주식에도 얼마든지 투자한다. 반면 주주들이 이사회보다 더 큰 영향력을 행사할 수 있도록 기업 규약 조항으로 보장해주는 기업 — 예를 들어 적대적 인수를 막기 위한 포이즌 필을 금지하는 기업 — 은 "거의 없다시피 하다."[17] 만약 주주들이, 기업의 수익을 높이려면 주주의 감독과 통제가 반드시 필요하다고 생각한다면 왜 상장하는 기업이 보다 주주 중심적인 지배 구조를 갖추어서 투자자를 유치하려고 하지 않겠는가?

외국의 사례들

마지막으로 주주 우선주의의 장점을 의심할 만한 네 번째 증거로 미국 이외 국가의 사례를 보자. 지금까지 살펴본 것처럼 미국의 법과 현실 경영 사례는 주주 최우선주의의 이상과는 상당히 거리가 멀어 보인다. 반대로 영국은 주주들의 천국 같아 보인다.[18] 영국 기업의 이사회는 적대적 인수 제안을 거부할 수 없다. 가장 높은 인수 가격을 제시한 기업에 매각할 것인지는 순전히 주주들에게 맡기고 이사회는 물러나 앉아야 한다. 영국 기업의 주주들은 총회 소집 권한이 있고 비협조적인 이사는 그 자리에서 쫓아낼 수 있다. 심지어 배당 지급 승인까지 투표에 부칠 수 있다. (당연히 영국 기업이 미국 기업보다 배당에 더 관대하다.[19])

만약 표준적인 주주 중심 모델이 정말 우수하다면, 그리고 그 모델대로 경영되는 기업이 더 효율적이라면 영국은 국제적인 상장기업을 키워내는 데 세계 최고의 기록을 보여야 마땅하다. 하지만 영국이 그런 기록을 달성하지 못한 것은 명백해 보인다. 일반적으로 사람들이 위대한 기업을 생각할 때 떠올리는 기업은 마이크로소프트, 애플, 월마트, 코카콜라, 존슨앤드존슨, 소니, 토요타, 혼다, 캐논, 지멘스, 바이엘, SAP, 폭스바겐 등 독일과 일본 기업 몇몇을 빼면 대부분 미국 기업이다.[20] 영국 기업 가운데 국제적인 인지도를 가진 기업은 상대적으로 적고 금융업(HSBC)과 원자재 추출 산업(BP)에 몰려 있다. 게다가 원유 유출 사고로 — 이 사고도 BP가 주주 가치에 집착했던 것이 원인의 일부로 보이지만 — 세계적인 기업으로서의 BP의 위상은 크게 추락했다.

이제 새로운 패러다임이 필요하다

물론 영국이 글로벌 기업을 키워내는 발전소가 되지 못한 이유를 설명하는 다른 요인들이 있다. 마찬가지로 최근의 주주 수익률 감소, 상장기업의 지속적인 감소 추세, 주주 권리를 축소하는 기업에 대한 꾸준한 투자 성향의 이유를 설명할 수 있는 다른 요인들이 있다. 여기서 생각해야 할 점은 개별 기업이나 국가가 아니라 전체적인 추세를 분석할 때에는 수많은 변수가 있기 때문에, 기업에 대한 실증 연구를 하는 사람들이 선호하는 통계적 회귀분석은 큰 의미가 없을 수 있다는 것이다. 마치 술 취한 사람이

어두운 주차장에서 자동차 열쇠를 잃어버리고는 밝아야 열쇠가 보인다며 가로등 아래 횡단보도에 가서 열쇠를 찾는 것처럼, 개별 기업의 경제적 성과를 좋은 지배 구조의 비밀에서 찾으려고 한다면 목적을 이루기 어려울 것이다.

반면 어두운 주차장에서 열쇠를 찾기 시작하면 혼란스러운 증거들과 마주치게 된다. 주주 가치라는 표준 모델에 의하면 지난 20년간 투자자의 수익은 더 커지고, 신생 기업들은 상장기업으로 출발하며, 투자자는 1주 1표의 원칙이나 다른 주주 최우선주의의 이상에서 벗어나는 기업을 기피하고, 글로벌 기업을 선도하는 미국은 이제야 겨우 영국을 따라잡을 수 있어야 한다. **하지만 이런 예측 중 어떤 것도 설득력이 있어 보이지 않는다.** 반대로 전체적인 정황이 주주 최우선주의를 지지하지 않을 뿐만 아니라 주주 가치 사고는 **주주와 기업 자체에도** 해가 될 수 있어 보일 뿐이다.

토머스 쿤Thomas Kuhn이 쓴 고전 《과학혁명의 구조The structure of Scientific Revolutions》에 나오는 유명한 구절을 이용해 말하자면, 20세기 막판까지 주주 최우선주의 모델은 기업의 목적에 관한 '지배적인 패러다임'이었다. 하지만 중요한 실증적 비정상치 몇 가지를 설명하는 데 꽤나 참담하게 실패했다. 첫째, 미국 기업법은 상장기업의 이사회가 주주 가치를 극대화하도록 의무화하지 않고, 한 번도 그런 적이 없다. 둘째, 상장기업의 경제 구조를 자세히 들여다보니 주주는 소유주owner가 아니고 주인principal도 아니며 잔여 청구권자도 아니다. 셋째, 주주 최우선주의를 따르는 경영이 더 나은 결과를 만들어낸다는 주장을 확실히 뒷받침해줄 만한 실증적 증거들도 없다. 사실 개별 기업에서 기업 전체로 초점을 옮기면 오히려 그 반대의 결과를 볼 수 있다.

토머스 쿤의 말처럼, 실증적 결과가 지배적 이론의 예측과는 계속 다르게 나타난다는 것을 누군가 발견하면 조만간 몇몇의 자유로운 (또는 무모한) 영혼이 그런 모순을 이해하고 설명하고자 할 것이다. 결국 이 자유 영혼들은 새로운 대안 이론을 개발할 것이다. 그때 진짜 싸움이 시작된다. 기존 패러다임에 기반해 커리어를 쌓은 지식인 리더 대부분은 새로 등장한 존재를 쳐부수기 위해 이빨과 손톱을 곧추세우고 싸우려 들 것이다. 그럼에도 불구하고 새로운 이론이 탄탄하다면 — 우리가 관찰하는 실제 세상을 기존 이론보다 더 잘 설명할 수 있다면 — 그것이 우리의 마음과 생각을 얻고 결국 이길 것이다. 물론 그 과정은 느리게 진행될 것이다. 과학의 지적 진보는 세대가 바뀌어야 이루어진다는 말이 있을 정도니까 말이다.

새로 등장하는 아이디어

기업 이론이 더 활발하게 전개되기를 기대하는 데에는 이유가 있다. 한스만과 크라크만이 2000년에 주주의 부 극대화가 대세가 되었음을 공표한 이래로 법학, 경제학, 경영학 분야의 선구적 사상가들(한스만과 크라크만 본인을 포함해서)은 기업의 현실을 더 잘 설명할 수 있는 기업 구조와 목적을 설명하는 대안 모델을 찾아내느라 상당히 분주했다. 전통적인 주주 최우선주의에 의문을 제기하는 설득력 있는 새로운 연구들이 여럿 있다.

2부에서는 이들 중 떠오르는 이론 몇 가지를 살펴보고 그 이론들이 어떻게 주주 최우선주의의 함정을 발견하고 조명하는지 알아볼 것이다. 특히 전통적인 주주 최우선주의를 반박하는 데 초점을 두는데, 이 반박들은 3가지 중요한 공통 특징을 가지고 있다.

첫째, 이 새로운 이론들은 주주 가치의 극대화를 반박하는 기존의 이해관계자 이론이나 기업의 사회적 책임에 대한 논의와는 다음과 같은 점에서 차이가 있다. 이 새로운 이론들은 주주 최우선주의가 이해관계자나 사회 자체에 끼치는 악영향에 관심이 있는 것이 아니라, 그것이 개인적·단기적으로, 동시에 집단적·장기적으로도 **주주 자신에게** 어떻게 해를 끼치는지에 집중한다. 또한 이 이론들은 주주의 부에만 집중하면 상장기업의 이사회와 경영자가 자신들에게 주어진 기업 자원을 사회 정의와 임직원의 복지, 환경 보건에 사용해야 믿는 사람들을 만족시키지 못한다는 사실에 주목한다. 새로운 이론에 의하면 주주의 이익을 이해관계자 보호, 사회 정의, 환경 보건에 대치시키는 것은 전형적인 주주 가치적 사고와 비교해보더라도 훨씬 편협한 생각이다. 상장기업이 좋은 일을 하면 결과적으로 투자자에게도 좋은 결과가 돌아가기 마련이다.

둘째, 앞으로 살펴볼 이론들은 '주주'라는 개념에 훨씬 더 깊은 관심을 보인다는 공통점이 있다. 많은 사람이 기업은 허구적 존재이고 주주는 실질적 존재라고 생각한다. 이런 인식 때문에 주인-대리인 모델을 설득력 있게 받아들이는 것이다. 즉 사람이라는 행위자의 분명한 현실성에 초점을 맞춤으로써 기업의 정체성이 가진 모호함을 떨쳐낼 수 있는 것처럼 보인다. 하지만 기업은 적어도 법적으로는 실제로 존재하는 실체이다. 오히려 **주주가 허구적 존재이다.** 표준적인 주주 중심 모델에서 가정하는 주주는 모두가 동일하다고 상상하는 추상적인 존재인데, 실제로 주주는 그렇지 않고 그런 주주는 존재할 수 없다. 주식을 보유하고 있는 실존 인간은 각자의 자리에 서 있을 뿐이다. 이 실존 인간들은 투자 기간이 다르고, 환금할 필요성도 다르고, 각기 다른 자산(자신의 인적 자본을 포함해서)에 대해 다른 관심을 가진다. 심지어 다른 사람을 신경 쓰지 않고 살아갈지, 아니면 '친사회적 가치관을 가지고' 행동할지에 대한 관점도 다르다. 이러한 차이를 인정하기만 해도 객관적으로 측정할 수 있는 하나의 '주주 가치'가 존재한다는 생각 자체가 얼마나 공상적이며 논리적으로도 앞뒤가 맞지 않는지가 드러난다.

셋째, 아마 이것이 가장 중요할 텐데, 주주들의 관심이 다르다는 것을 인정함으로써 새로운 이론들은 기존 이론이 설명할 수 없는 실증적 비정상치를 설명한다. 새로운 이론들은 실제 사례를 종합해서 도출한 논리이기 때문에, 우리가 관찰하는 **실증적 데이터를 더 잘 설명해낸다.** 동시에 그것들은 논리적인 추론 과정을 통해 발전되어왔기 때문에, '비정상치들'이 나타나면 어떻게 그리고 왜 이런 현상이 계속 나타나는지를 더 잘 설명할 수 있다. 쿤 학파의 관점에서 보자면 이 새로운 모델들이 상장기업을 이해하는 데 더 나은 패러다임이다.

기업이 주주 가치를 극대화해야 한다는 것은 곧 우리가 사실상 다이너마이트로 낚시를 한다는 의미이다. '주주의 부'를 극대화하면 된다는 편협한 생각이 이해관계자, 기업, 사회, 환경뿐만 아니라 주주들에게도 해로운 결과를 초래할 것이라는 추론은 논리적으로도 설득력이 있을 뿐 아니라 예측 가능한 판단이기도 하다.

The Shareholder Value Myth

2부
주주가 정말 원하는 가치는 무엇인가?

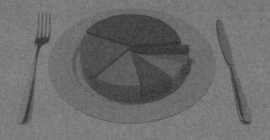

5장

단기 투기자와
장기 투자자의 충돌

기업이 '주주 가치 극대화'를 목표로 설정할 때 제기될 수 있는 문제 가운데, 이 모델이 주류로 등장하기 시작한 거의 최초부터 비즈니스 업계에서 주목했던 문제가 하나 있다. 그것은 바로 이 사회가 주가에만 초점을 맞추면 단기적으로 주가를 높일 수 있는 방식으로만 운영되어 장기적으로는 기업에 해가 되지 않을까 하는 우려이다. 예를 들어 어떤 기업이 회계상의 이익을 높일 목적으로 연구 개발비를 삭감하거나 고객 관리와 고객 지원 활동을 줄이면 소비자의 신뢰와 브랜드 로열티를 떨어뜨릴 수 있다. 그 결과 기업은 일종의 근시안적 관점에 빠져 주주의 장기적인 수익을 감소시킨다.

효율적 시장 가설의 이면

1987년까지만 해도 많은 금융 경제학자는 기업이 근시안적 관점에 빠질 수 있다는 주장은 말도 안 된다고 주장했다. 왜냐하면 경영자들이 주가를 당장 떨어뜨리지 않으면서 기업의 미래에 해가 될 전략을 채택하는 것은 불가능하기 때문이다. 이러한 주장은 '효율적 시장 가설'이라는, 널리 알려지고 받아들여지는 이론에 근거한다.[1] 효율적 시장 가설 논문들은 비록 방대하고 지루한 기술적 내용이지만, 그 기본적인 핵심 내용은 다음과 같이 요약할 수 있다. 즉 주식시장은 '펀더멘털 가치에 효율적이므로' 한 기업의 주식의 시장 가격은 기업의 가치와 관련된 모든 정보를 포함하고 있고, 주가는 그 주식의 미래 위험과 수익을 가능한 한 합리적으로 추정해 반영하고 있다. 펀더멘털 가치에 효율적인 시장에서는 투자자가 밤늦게까지 자신이 소유한 주식의 실제 가치가 얼마인지 알아낼 필요가 없다. 시장이 알아서 주가를 평가하는 숙제를 다 해줄 것이기 때문에 안심하고 푹 잘 수 있다. 현재의 주가가 그 기업의 장기적 가치를 반영하지 못할까 염려할 필요가 전혀 없는 것이다. 주식의 미래 위험과 수익을 측정하는 데에는 오직 하나의 정확한 방법만 존재하기 때문에, 장기적 가치와 단기적 가치는 바로 현재의 주가에 반영된다. 경영진이 단기적 결과만 좇는다면 주식시장이 가만두지 않을 것이기 때문에 기업의 근시안적 경영은 문제가 될 수 없다는 것이다.

하지만 효율적 시장 가설의 전성기였던 1970년대와 1980년대 초반에도 많은 최고경영자와 이사회, 전문 투자자들은 주가가 실제로 펀더멘털 가치를 반영할 수 있는지 의심했다. 심지어 재무 전문가들도 시장의 효율성에는 일부 한계가 있다는 것을 인정했다. 그 한계를 보여주는 한 사례가 주식시장에 만연한 내부자 거래, 즉 회사 내부자들만 접근 가능한 사적 정보 활용이다. 가령 탈모 치료제로 개발된 약품이 남성에게 발기부전 부작용을 일으킨다는 제약사 내부 정보는 그것이 공개되기 전까지는 그 회사의 주가에 반영되지 않는다.

주식시장 가격이 모든 사실을 정확히 반영할 것이라고 믿었던 집단적 확신은 1987년 10월 19일(1987년 블랙먼데이)에 산산조각이 났다. 그날 하루 동안 다우존스 산업지수는 설명 불가능한 이유로 23퍼센트의 가치가 날아가 버렸다. (불과 몇 개월 후에 역시 불가사의하게도 그 주식 가치는 회복되었다.) 1990년대 후반 기술주 버블은 주식의 시장 가격에 대한 신뢰를 재차 무너뜨렸고, 엔론과 글로벌 크로싱 같은 기업들도 주가가 합당한 추정 가치보다 훨씬 높게 치솟다가 갑자기 폭락하면서 거기에 한몫 더했다.

오늘날 50세 미만의 재무 전문가 중에 주식시장 가격이 실제 가치를 **항상** 반영한다고 주장하는 학자는 거의 없다. 사실 이 분야의 많은 저명한 학자들은 주식시장의 오작동을 설명할 만한 효율적 시장 이론의 대안을 찾고 있다. 이러한 대안 중에 '이질적 기대heterogeneous expectations' 모델은 투자자들이 서로 다른 의견을 가지고 있을 가능성에 주목하고, '차익 거래의 한계limits of arbitrage'를 기반으로 하는 연구는 정보가 가격에 반영되더라도 왜 일부 정보는 느린 속도로 불완전한 정도로만 반영되는지 설명하고자 한다. 요즘 주목받는 '행동 금융behavioral finance' 분야에서는 사람의 감정과 비합리성이 가격을 왜곡하고 거래를 촉진하는 이유를 연구한다.[2]

주가는 언제나 실제 가치를 반영한다는 생각이 완전히 사라지지는 않았다고 하더라도 적어도 심각한 타격을 입었다. (경제학자인 존 퀴겐John Quiggen은 그 생각이 살아 있는 것도 아니고 완전히 죽었다고도 할 수 없는 '좀비' 아이디어라고 했다.[3]) 그러나 특수한 상황 혹은 투자자들이 단체로 비이성적인 행동을 하는 특이한 경우를 제외하면 장기적으로 봤을 때 주가는 실제 가치와 합리적으로 연관이 있다는 주장은 상당한 지지를 받고 있다. 저명한 재무학자인 피셔 블랙에 의하면 시장이 효율적이라고 말하는 전문가들이 많은데 이것은 "가격은 두 지점 사이에서 형성된다는 것, 즉 가치의 절반보다는 높고 두 배보다는 낮은 수준에서 결정된다"는 뜻에서 그렇다는 것이다.[4]

대다수 주주 최우선주의 신봉자에게는 이 정도면 충분하다. 그들은 비록 시장이 일시적으로는 기업 가치를 잘못 평가하더라도 시간이 조금 지나면서 바로잡힐 것이기 때문에, 경영진이 주가를 길잡이 별로 삼으면 주주들에게 여전히 유리하다고 주장한다. 그러므로 주주 스스로도 경영진이 근시안적 사고에 빠지지 않도록 할 이유가 있다. 기업의 미래에 해가 될 전략을 통해 주가를 높이라고 경영진을 압박하면 결국은 주식 가치를 훼손하는 결과를 가져온다는 것은 주주들도 안다.

그러나 이러한 관점은 한 가지 불편한 진실을 간과하고 있다. 장기 투자 주주는 기업의 근시안적 경영을 우려한다. **하지만 단기 투자 주주에게는 그것도 상관없다. 그리고 문제는 오늘날의 수많은 강력한 투자자는 단기 투자 주주라는 점이다.**

왜 그렇게 자주 사고 자주 팔까?

오늘날의 주식시장이 얼마나 과열되었는지 이해하기 위해 1960년의 상황을 살펴보자. 당시 뉴욕주식거래소에 상장된 기업들의 연평균 주식 회전율은 12퍼센트밖에 안 되었는데 이는 평균 주식 보유 기간이 약 8년이었다는 뜻이다. 1987년이 되면 이 수치가 73퍼센트로 오른다.[5] 2010년에는 미국 거래소에 상장된 주식의 연평균 회전율이 놀랍게도 300퍼센트에 달했다. 이는 주식의 평균 보유 기간이 단 4개월이라는 말이다.[6]

매우 이상한 현상이다. 결국 주식 대부분은 장기적인 투자 목표(은퇴를 위한 저축이나 자녀 학자금 마련처럼)를 가지고 투자하는 개인이나, 그런 개인들을 대신해서 포트폴리오를 관리해주는 연금 펀드와 뮤추얼펀드 같은 기관 투자가가 보유한다.[7] 게다가 헤지 펀드의 고객은 일반적으로 자신들의 기금을 투자해서 지속적이고 장기적인 수익을 추구하는 연금 펀드, 대학, 재단이다.

만약 모든 투자자가 자신을 위하여 또는 고객을 위하여 장기적인 성과를 원한다면 왜 그렇게 많은 단기 거래가 발생하는 것일까? 하나의 가능한 설명은 규제 완화와 정보 기술 발전 때문에 주식 거래 비용이 이전에 비해 훨씬 저렴해졌다는 점이다. 예전에는 누군가 특정 주식의 가격이 과소 또는 과대 책정되었다고 생각하면 주식을 사거나 팔기 위해 주식 중개인에게 전화를 걸고 정해진 수수료를 내고 아마도 거래 세금까지 내야 했다. 높은 거래 비용은 거래가 과열되지 않게 억제하는 기능을 했다. 그러나 이제는 거래 비용이 매우 낮아져서 어떤 펀드는 전산화된 '플래시 트레이딩flash trading' 전략을 전문화하여 단 몇 초 사이에 주식을 샀다가 판다.

하지만 잦은 단기 거래의 더 중요한 이유는 애스펀 연구소Aspen Institute의 최근 보고서가 강조하듯이, 뮤추얼펀드와 연금 펀드, 헤지펀드 같은 기관 투자가의 역할이 주식시장에서 매우 강화되었다는 점이라고 할 수 있다.[8] 앞서 지적했듯이 그런 펀드는 대부분 장기적 투자 목적을 가진 개인 투자자를 대신해서 투자한다. 그런데 안타깝게도 이러한 개인 고객은 누구에게 투자 결정을 위탁할 것인가를 결정할 때, 펀드 매니저의 가장 최근 투자 성과를 보고 평가하는 경향이 있다. 바로 이런 이유에서, 활발하게 운영되는 많은 뮤추얼펀드가 자신들의 주식 포트폴리오를 매년 100퍼센트 또는 그 이상으로 교체하며, 자신들이 투자한 기업의 성과를 향상시키기 위해 장기 투자를 해야 한다고 주장하는 '행동주의' 헤지펀드의 주식 보유 기간은 2년도 채 되지 않는다. 향후 4분기 실적에 대한 상대 평가에 따라 운명이 좌우되는 뮤추얼펀드 매니저로서는 자신들이 주식을 처분하기 전까지만 주가가 오르게 해주는 경영 전략을 지지하지 않는다는 것이 힘들다. 그들은 주식이 오르면 보유한 주식을 팔아치우고 단기적인 반짝 효과를 보이는 다른 주식을 사면 된다. 뮤추얼펀드 업계의 구루이자 뱅가드 펀드Vanguard Funds의 설립자인 잭 보글Jack Bogle이 이야기한 대로 뮤추얼펀드 산업은 '주식 임대' 산업이 되어버렸다.[9]

어떻게든 주가를 올려라?

그 결과 뮤추얼펀드와 헤지펀드는 이사회와 경영진이 지속적인 가치를 만들어내지 못하는 근시안적 사업 전략을 추진하도록 압력을 가한다. 예를 들어 정보를 이용한 차익 거래에 관한 연구에 의하면, 어떤 정보가 공개되었지만 널리 알려지지는 않았거나 기술적이어서 이해하기 어려운 경우 그 정보는 주식의 시장 가격에 상대적으로 천천히 반영된다.[10] 하지만 기업이 종업원을 해고하거나 고객 지원 축소를 통해 비용을 줄이면 주식시장은 바로 기업의 비용이 절감되었다고 이해하고 주가가 반짝 효과를 반영해 오를 것이다. 그러나 장기적으로는 직원 만족도와 브랜드 로열티가 떨어지는 결과로 나타날 것이다. 최고재무책임자CFO 400명을 대상으로 한 설문조사에 따르면 분기별 이익 목표를 달성하지 못할 것으로 보이면 마케팅이나 상품 개발 비용을 줄이겠다는 사람이 응답자의 80퍼센트였다. 그 결과가 장기적으로 기업 성과에 악영향을 미칠 것을 알면서도 말이다.[11]

실질적인 성과를 높이지 않고도 주가를 올릴 더 좋은 방법은 구태의연하지만, 분식 회계를 이용하는 것이다. 주식시장은 결국에는 엔론과 월드컴의 회계 장부 조작을 알아냈다. 하지만 엔론과 월드컴 경영진이 주주 가치를 충분히 '띄워서', 회계 부정이 적

발되기 전에 주주가 주식 일부나 전부를 팔아 매우 부유해질 수 있었기 때문에 기관 투자가들은 수년간 수익을 냈다. 예를 들어 1993년에 한 뮤추얼펀드가 엔론에 10만 달러를 투자했다고 가정해보자. 당시 엔론 주가는 10달러를 조금 넘는 수준이었다. 엔론의 주가가 계속 솟구치는 동안 그 펀드는 포트폴리오 관리를 위해 엔론 주식을 매년 조금씩 팔았다고 가정해보자. 2000년에 엔론의 주가는 90달러를 넘어섰으니, 이 펀드는 처음 투자한 10만 달러에 비해 몇 배는 더 큰 수익을 얻었다. 심지어 2001년 기업이 망가졌을 때에도 10만 달러를 보유했다. 금융 사기는 그것이 발각되는 시점까지 주식을 보유하고 있는 운 없는 투자자들이 손해를 보는 것이지 모든 투자자에게 불리한 것은 아니다.

'이질적 기대' 자산-가격 결정 모델(이 모델은 보다 현실적으로 사람들이 미래에 대해 서로 다른 생각을 가지고 있다고 가정한다는 점에서 전통적인 금융-가격 결정 모델과 다르다)도 몇 가지 측면에서 단기 투자자가 경영자에게 압력을 가해 장기적 성과를 높이지 않고도 주가를 높일 수 있는 '금융공학적' 꼼수를 제안할 것이라고 설명한다. 예를 들면 공매도에 대한 실질적, 법적 제약 조치 때문에, 특정 기업의 (그 기업이 실제 어떤 상황이건 간에) 미래에 대해 상대적으로 낙관적인 투자자 누군가는 그 기업의 주식을 소유하고, 그에 따라 주식 가격이 형성된다. 그 기업이 주식시장에서 대규모로 자사주를 매입하여 주주의 범위를 좁히면 **가장** 낙관적인 투자자가 가격을 형성할 수 있다. 비슷한 이유로, 기업을 통째로 매각할 때에는 대체로 인수 희망사에 시장 가격을 상당히 웃도는 권리금$_{premium}$을 요구한다. 인수 희망사는 주주 중에서 상대적으로 현실적인 주주의 지분만이 아니라 더 낙관적인 주주의 지분까지 사들여야 한다.[12] 또 다른 예로 자산이나 사업 부문 일부를 매각해서 분사하는 것도 '주주 가치'를 높이는 방법이다. 기업을 분사하면 투자자는 자신이 가장 선호하는 특정 사업 부문에만 투자할 수 있다. 그 투자자는 기업이 지닌 하나의 상품 라인 또는 사업 부문에만 낙관적일 뿐, 동물 사료부터 항공기 엔진, 금융 서비스까지 담당하는 문어발기업$_{conglomerate}$ 운명에 투자할 생각이 있었던 것은 아니기 때문이다.

다른 투자 기간, 충돌하는 이해관계

이제 우리는 주식시장이 펀더멘털 가치를 완벽하게 반영하는 것이 아니고 경영진이 실질적인 경제 성과 없이도 주가를 올릴 수 있다는 것을 알게 되었다. 그렇다면 선호하는 투자 기간이 서로 다른 주주들 사이에서 이해관계가 충돌할 수 있다는 것도 생각해야 한다. 주식을 여러 해 동안 소유할 계획인 주주는 투자한 기업이 직원들의 기술에 투자하고, 새로운 상품도 개발하고, 협력 업체와 좋은 협력 관계를 형성하고, 고객 신뢰도와 브랜드 로열티를 높일 수 있도록 고객을 잘 관리하기를 바랄 것이다. 비록 그 미래를 위한 투자가 지금 당장 주가에 반영되지 않더라도 말이다. 반면 주식을 몇 개월이나 심지어 며칠만 보유할 계획인 단기 투자자라면 기업이 비용을 절감하거나, 사내 유보금으로 자사주를 매입하거나, 자산이나 기업 전체를 매각하더라도 바로 오늘의 주가를 올리기를 바랄 것이다. 펜실베이니아 대학의 빌 브래튼Bill Bratton은 행동주의 헤지펀드에 관한 중요한 실증 연구를 통해서, 방금 이야기한 것들이 바로 그 펀드들의 전략이라는 점을 밝혀냈다. 브래튼은 "행동주의 헤지펀드는 먹잇감 기업에서 딱 네 가지를 살펴본다. 기업 전체가 매각 가능한가, 일부라도 매각 가능한가, 사내 유보금이 있는가, 비용 삭감 요소가 있는가가 그것이다"라고 말한다.[13]

주주들 사이의 이해관계 충돌 상황으로 인해 표준적인 주주 중심 모델은 딜레마에 빠진다. 주주마다 선호가 다르다면 주주 중심이라는 말은 도대체 **어떤 주주의 장단에 맞추란 말인가?** 만약 주가가 펀더멘털 가치를 항상 반영하는 것이 아니라면 이사회가 기업의 미래를 위해 투자하기를 원하는 장기 투자 주주와, 행동주의 헤지펀드와 같이 오늘의 주가가 올라가기만을 바라는 단기 투자 주주 사이에는 이해관계가 충돌할 수밖에 없다. 기업 변호사 마틴 립턴의 말을 빌리면 이사회는 "국가의 기업 시스템과 경제 전체의 장기적인 이익이 훼손되더라도 투기꾼들에게 수익을 내게 해줄 것인지, 즉 기업의 존속과 지속적인 유지에는 관심도 없고 오직 주식을 팔아서 재빨리 이익을 챙기는 데만 관심이 있는 자들에게 수익을 제공할 것인지" 결정해야만 한다.[14]

립턴의 말을 보면 그가 단기 투기자가 아니라 장기 투자자의 편에 서 있다는 것이 분명하다. 나도 그의 의견에는 동의하지만, 나는 이 책에서 '이사회는 언제, 어떻게, 어떤 주주의 이익을 우선해야 하는가'라는 딱 부러지게 대답하기 어려운 문제에 답하려는 것이 아니다. 하지만 가장 중요한 것은, **장기 투자자와 단기 행동주의 헤지펀드가 기울어진 운동장에서 게임을 하고 있다는** 점이다. 행동주의 헤지펀드는 투자 포트폴리오를 소수의 기업 주식에 집중하기 때문에 이 운동장에서 확실히 유리한 입장에 서 있다. 이것은 그들이 시간과 노력을 들여 어떤 특정 기업의 이슈에 개입할 가치가 있다는 의미이다. 그와는 반대로 수많은 기업의 주식에 투자하는 개미 투자자들retail investors은 어떤 기업의 의사 결정에 영향을 줄 만큼 큰 지분을 보유한 경우는 매우 드물기 때문에 합리적 무관심 상태에 빠지게 되고 이로 인해 간혹 손해도 본다. 뮤추얼펀드도 크게 다르지 않다. 뮤추얼펀드 매니저 대부분도 포트폴리오로 관리하는 수십 혹은 수백 개 기업을 대상으로 적극적으로 지배 구조에 관여할 수는 없다는 결론에 이른다. 문제가 생기면 그들은 누가 알아차리기 전에 재빨리 그리고 조용히 주식을 처분하는 '월스트리트 워크Wall Street Walk'로 투자 철수를 할 것이다. 또는 뮤추얼펀드 매니저들은 대체로 리스크 메트릭스의 ISSInstitutional Shareholder Services라는 기관에서 안내하는 대로 투표권을 행사한다. 그런데 그 기관의 '주주권 행사 자문 서비스'는 단기 주식 성과에 초점을 맞추는 것이 좋은 지배 구조라고 조언하기 때문에 비판받고 있다.[15] 결론적으로 기업 경영에 진지하게 관여하는 유일한 주주는 헤지펀드와 ISS를 따라 양 떼처럼 몰려다니는 뮤추얼펀드뿐이고, 이 두 집단은 단기 시야에 편향되어 있다.

주주 가치의 관리는 예측 기대치 관리

마지막으로 2011년 출간된 책 《게임 바로잡기Fixing the Game》를 살펴보자. 경영대학원장인 로저 마틴은 이 책에서 기업의 성공 여부를 주가로 평가하는 것이 어떻게 장기 투자자에게 해로울 수 있는지 또 다른 이유를 지적한다. 주가로 기업 성과를 평가하면 이사회와 경영진은 기업의 실질적 성과(판매 실적, 매출액, 성장, 신상품)가 아니라 마틴이 명명한 '기대 시장the expectations market'에 집중하게 된다는 것이다.

> 기대 시장은 투자자들 간에 기업의 주식이 거래되는 세상, 즉 주식시장을 말한다. 이 시장에서 투자자는 기업의 실제 시장 활동을 평가하고, 그 평가를 바탕으로 미래에 이 기업의 실적이 어떨지에 대한 기대를 만들어낸다. 미래 실적 기대에 관한 모든 투자자와 잠재적 투자자의 합의된 관점이 그 기업의 주식 가격을 형성한다.[16]

마틴에 따르면 바로 이 기대 시장을 성과 평가의 기준으로 삼으면 경영진은 꼼짝 못 하게 된다. 특히 이 기대 시장이 옵션, 주식 지급, 주가 연동 보너스 등으로 경영진의 보상 책정에 사용될 때 그렇다. 예를 들어 어떤 기업의 실적이 좋다고 해보자. 이 기업은 최고의 실적을 내고 당분간은 계속 잘나갈 것으로 보인다. 주식시장은 이 최상의 미래 성과에 대한 기대를 주가에 반영할 것이다. 그런데 만약 지금이 이 기업의 절정 상황이라면 최고경영자는 어떻게 주가를 더 높일 수 있겠는가?

마틴의 표현을 빌리면 "현대 자본주의에서 경영진의 일은 주주 가치, 즉 그 기업 주식의 시장 가치를 극대화하는 것이다. 그 목적으로 최고경영자는 항상 주가를 높이기 위해, 주가에 대한 기대치를 무한히 높이기 위해 일해야 하는 것이다. … 우리가 생각해 봐야 할 점은, 아무리 경영에 뛰어나다고 해도 계속 높아지는 기대에 계속 부응할 수는 없다는 것이다."[17] 주주 가치에 초점을 맞춘다는 것은 '다른 사람들은 계속해서 영원히 기대 수준을 높일 것이기 때문에 결국 궁극적으로 달성할 수 없는 업무'를 경영자에게 요구하는 것이다.[18]

그런 상황에서 최고경영자는 무엇을 하겠는가? 일반적인 사람이라면, 결코 달성할 수 없는 시도를 하려고 하기보다는 달성할 수 있는 일을 하려고 할 것이다. 바로 예측 기대치를 관리하는 것이다. 예를 들면 회계 조작('이익 조정')을 통해 어느 분기에 시장의 기대를 극적으로 떨어뜨려서 이후 다시 기대치를 높일 수 있게 하는 것이다. 또 다른 방법은 신제품을 개발하거나 채용을 늘리거나 판매량과 이익을 늘릴 수 있는, 시간이 오래 걸리고 어렵고 당장 생색 나지 않는 일들을 제쳐두고, 원가 절감(종업원 해고와 기술 개발 비용 삭감)이나 금융공학(자산 매각, 대대적인 자사주 매입)과 같은, 실질적인 장기 가치 증가 없이 일시적으로 주가를 올리는 방법을 이용하는 것이다.

그렇게 때문에 주식에 기반한 보상 체계는 단기 투자자(가볍게 주식을 사고파는 행동주의 헤지펀드나 ISS의 자문을 받는 뮤추얼펀드)와

(주식시장의 기대치와 매우 밀접하게 연계된 보상을 받는) 경영자 사이에 불건전한 공조를 형성한다. 크래프트푸드Kraft Foods의 경우를 한 번 살펴보자. 2010년 크래프트는 말이 많았던 영국의 상징적인 캔디 제조사 캐드버리Cadbury를 인수했다. 이 인수로 영국은 얼마 되지 않는, 국제적으로 이름난 기업 하나를 또 잃었다. 그리고 겨우 18개월 뒤, 헤지펀드 주주들의 등쌀에 못 이겨 크래프트는 분사를 추진하게 된다. 한 기업은 오레오 쿠키와 캐드버리 초콜릿 같은 간식류를 담당하고, 다른 기업은 오스카마이어의 냉장육과 크래프트 마카로니와 치즈 같은 식료품을 맡는다. 이 분사는 기업이 초콜릿이든 냉장육이든 제조와 마케팅이 크게 달라지는 것도 아닌데 비용만 두 배로 들게 할 것으로 보인다. 그럼에도 불구하고 크래프트의 헤지펀드 주주들과 주식으로 보상을 받는 경영진은 두 기업으로 분사하는 것이 '주주 가치를 띄울 것'이라는 논리적인 희망을 품는다. 달콤한 간식류 사업의 미래에 낙관적인 투자자들이 전자의 주가를 떠받칠 것이고, 기초 식자재 사업에 낙관적인 투자자들이 후자에 투자할 것이라고 생각하기 때문이다.[19]

이런 식의 기업의 의자 뺏기 놀이는 경영진과 단기 투기꾼들이 다른 이들에게 피해를 주지 않는다면야 문제 될 것이 없다. 하지만 안타깝게도 장기 투자자는 단기 투자자가 저질러놓은 일들을 감당해야 한다. 미국 증권거래위원회는 규제 대상이 아닌 헤지펀드의 실적을 공개하도록 의무화하지 않기 때문에 헤지펀드의 성과에 대한 확실한 데이터는 찾기 어렵지만, 행동주의 헤지펀드가 시장보다 수익률이 더 높다는 증거는 있다.[20] 그리고 지난 20년간 주식을 기반으로 보상받은 경영진이 훨씬 더 부유해졌다는 데에는 의심의 여지가 없다. 반면 평균 투자 수익률은 시들해져왔다. '주주 가치를 띄우는' 데에 철저히 초점을 맞추는 것도 경영진과 일부 헤지펀드 매니저를 부유하게 해주었을 뿐, 주주 전체에는 별 도움이 안 되었거나 아예 도움이 안 되었던 것이다.

장기 투자자와 단기 투자자의 이해관계가 갈리면 주주 가치에 대한 사고는 다이너마이트로 하는 낚시와 같은 위험을 내포한다. 일부는 즉각적이고 큰 규모의 수익을 거둘지 모르지만 시간이 흐르면서 전체적으로 투자자들도 경제도 손실을 입는다.

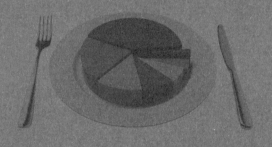

6장

스스로 돛대에 묶이는
율리시스

우리는 지금까지 언제, 어떻게 주식시장 가격이 펀더멘털 가치를 완벽하게 반영하지 않는지, 그리고 단기 투기자의 이해관계가 장기 투자자의 이해관계와 언제, 어떻게 충돌하는지 알아보았다. 이번 장에서는 시간과 관련된 보다 특이한 갈등에 대해 알아보려고 한다. 이 갈등은 주주들이 초반에는 이해관계자와 다른 주주들을 위해 헌신하려고 했다가 나중에 이 약속을 깨는 상황에 대한 이야기이다.

이 문제의 본질을 이해하기 위해서, 율리시스가 오디세이호를 몰고 사이렌의 섬 옆을 지나갈 때 겪었던 딜레마를 생각해보자. 사이렌 자매들은 매혹적인 목소리를 지닌 아름다운 여성들이다. 많은 미인이 그렇듯 사이렌도 식성이 까다롭다. 사이렌은 운항 중인 사람들을 노랫소리로 유혹해서는 잡아먹는다. 율리시스는 오디세이호가 그 섬 옆을 지나갈 때 선원들이 사이렌의 노래를 듣지 못하도록 귀를 밀랍으로 막으라고 한다. 하지만 율리시스 자신은 사이렌의 음악을 들어보고 싶었다. 그는 귀를 막지 않는 대신 선원들에게 자신을 오디세이의 돛대에 꽁꽁 묶으라고 했다. 또한 자신이 아무리 빌고 간청해도 사이렌 자매들이 안 보이고 목소리가 안 들릴 만큼 충분히 멀리 떨어질 때까지 절대로 풀어주지 말라고 명령했다.

사이렌의 섬에 다가가기 전에는 ─ 학계에서는 이 상황을 '사전ex ante'이라고 한다 ─ 율리시스는 무엇보다도 사이렌의 손아귀에서 확실히 벗어나 있기를 원했다. 하지만 '사후ex post'에 사이렌의 음악이 실제로 들리기 시작하자 율리시스는 다른 것은 다 제쳐두고 갑판 위로 뛰어내려 섬으로 헤엄쳐 가서 그날의 요리로 바쳐지기를 마다하지 않았다. 다행히도 율리시스는 사후에 사이렌의 매력에 굴복당하지 않기 위한 조치를 확실히 해놓아야만 한다는 것을 사전에 알고 있었다. 그는 스스로 '돛대에 묶여'(오늘날의 표현으로 '손발을 묶어') 나중에 무슨 짓을 저지를 수 없도록 조치를 취했다.

주주, 율리시스가 되다

주주들이 상장기업의 주식을 매입할 때 똑같은 상황이 벌어진
다. 기업이 자본을 얻기 위해서 주식을 발행해 '주식 발행 시장'에
서 판매하고 자본 투자자들이 이 주식을 매입하면 투자자의 돈은
즉시 **기업**의 돈이 된다. 이제 투자자가 소유하는 것은 그 기업과
맺은 계약서 즉 '주식의 일부 지분a share of stock'이다. 그런데 이 계
약에는 투자자가 돈을 돌려받을 권리가 부여되어 있지 않다. 투
자자는 이사회의 결정에 따라 배당을 받을 수도, 받지 못할 수도
있고, '주식 거래 시장'에서 그 주식을 사겠다는 다른 투자자를 찾
을 수도, 찾지 못할 수도 있다. 그러나 그 투자자가 처음 지불한
그 돈은, 밴더빌트 대학에서 기업을 연구하는 저명한 학자인 마
거릿 블레어의 표현으로 기업 법인에 '묶인Lock-in' 것이다. 이제 주
주는 자신이 투자한 돈의 전부 또는 일부를 돌려달라고 할 법적
권리가 없다. 어떤 비즈니스가 파트너십의 형태를 취하는 경우에
는 파트너가 언제든지 떠나면서 사업 자산에서 자신이 투자한 자
금을 빼갈 수 있지만 기업 법인은 파트너십과는 다르다.

20세기에는 투자금 회수 제약capital lock-in이라는 현상이 학계에
서 큰 관심을 끌지 못했다. 경영대학원과 로스쿨 교수들은 학생
들에게 가르칠 때 반복적으로 다음과 같은 이야기를 한다. 즉 기

업이 비즈니스하기에 좋은 이유로 다음 네 가지를 들 수 있다는 것이다. (1) 유한한 개인 책임, (2) 집중된 경영, (3) 무기한의 법적 생명 (4) (상장기입의 경우) 유동성 있는 주식시장에서 투자자들이 자신의 지분을 매각할 수 있다는 점. 특히 이 네 번째 특징은 상장기업에 투자한 자본이 유동적이고 쉽게 회수할 수 있다는 환상을 일으켜, 투자금 회수 제약이라는 현실을 제대로 인식하지 못하게 만든다. 그러나 주식은 단지 **특별한 조건에서만** 유동적이다. 만일 한 기업의 주주 모두가 동시에 주식을 팔기 원한다면 — 최고경영자가 기소당하거나, 기업이 어려움에 처했다고 가정해보자 — 유동성이라는 환상은 빠르게 사라진다. 주주들은 공포에 질려 기업에 다섯 번째 특징이 있다는 것을 발견할 것이다. 그들의 투자금은 묶여 접근이 불가능하다.

　이런 결정적 위험이 있음에도 이성적인 투자자는 왜 상장기업의 주식을 살까? 왜 언제든지 투자금을 회수할 수 있는 파트너십이나 다른 사업 형태를 고수하지 않을까?

손을 묶을 때 얻는 장점

　이 문제를 처음으로 활자화해서 제기한 사람은 UCLA 경제학자인 해럴드 뎀세츠Harald Demsetz일 것이다. 1995년에 그는 상장기업의 주식 소유권에서 '대부분이 주목하지 않는' 한 가지 조건을 지적했는데, 투자자가 최초로 주식을 구매하면서 자금을 기업에 지급하고 기업이 그 자금으로 자산을 구입했다면 투자자는 그 자산을 매각하는 등의 방식으로 자신의 투자금을 돌려달라고 기업에 요구할 수 없다는 것이다.[1] 뎀세츠는 다음과 같이 보았다.

> 일반적인 경우, 주주가 기업 자산의 자기 지분을 반환해달라고 요구할 수 있다고 보는 것은 비현실적이다. 기업은 원자재와 공장을 구입하여 상품과 서비스를 제공하는 일들을 담당한다. 기업이 이런 활동에 온전히 몰입하려면 주식이나 채권 발행을 통해 확보한 자산을 완전히 통제해야 한다. 성과에 실망한 주주에게 자산을 빼앗길지 모르는 위험에 지속적으로 노출된다면 사업이 불가능하다. 일반적인 기업은 아주 특별한 상황을 제외하고는 투자자가 자산의 일부를 반환하라고 요구하지 못하도록 운영되어야 한다. 그렇게 해야 기업이 승인받은 독립적 법인으로서, 자본과 다른 투자물을 제공한 자들로부터 벗어나게 된다.[2]

다른 학자들도 주주 가치 사고를 직접적으로 반박하면서 뎀세츠의 통찰에 대한 논의를 이어갔다. 그들은 주주들이 자본을 회수하도록 허용하는 주주 친화적 지배 구조를 통한 경영이 실제로는 주주의 부를 줄일 수 있음을 밝혀왔다. 주주 친화적인 지배 구조를 통한 경영의 사례로, 주주들이 이사회에 압력을 가해서 배당을 지급하게 하거나 자사주 매입을 하기 쉽게 경영 조건을 조성하는 것을 들 수 있다. 그런데 그런 환경에서는 **다른** 금융권 또는 비금융권 투자자가, 생산 활동에 도움이 되지만 '특정 기업에만 가치가 있는firm-specific' 중요한 투자를 단념하게 함으로써 주주의 부를 줄인다.('특정 기업에만 가치가 있는'이라는 표현은 기업론Theory of a firm에서 중요하게 사용되는 개념으로, 시장 거래가 아닌 조직organization이 구성되는 중요한 원인이 되기도 한다. 모든 생산 설비가 여러 회사에서 바로 사용될 수 있는 것은 아니기 때문에 어떤 투자는 그 회사에 가치가 있지만 다른 환경에서는 가치가 크게 줄어들 수 있다. 따라서 기업의 인수, 합병, 분사를 통해 기업 가치를 높이는 기업 전략에 관심이 많은 투자자들은 기업이 특정 기업에만 가치가 있는 자산에 투자하는 데 부정적인 경향이 있다. ― 옮긴이)

예를 들면 2003년 마거릿 블레어는 기업 형태의 등장을 역사적으로 분석한 연구에서, 투자금 회수 제약이 상장기업의 운영 자금난과 다른 주주들의 이기적인 행동을 막는 수단임을 보여줬다.[3] 운하나 공장을 지으려 한다고 가정해보자. 이 프로젝트는 투자자 한 사람이 감당할 수 있는, 또는 감당할 의지가 있는 수준을 훨씬 넘어서는 자금이 필요하기 때문에 여러 투자자가 함께 투자하기로 동의했다. 만약 투자자 한 사람이 재정적 사정으로 투자금을 돌려받고자 한다면 어떻게 될까? 만약 파트너 한 명이 세상을 떠나고 유산 상속자가 이 사업을 계속하고 싶지 않아 현금을 원한다면? 운하나 공장의 일부는 전체의 가치를 훼손하지 않으면서 떼어 팔 수 없다. 공장과 운하는 '특정 기업에만 가치가 있는' 투자로 이루어지기 때문에, 일부의 가치를 손상시키지 않고서는 자원을 쉽게 분리할 수 없다.

파트너십으로는 운하나 공장 같은 시설을 지을 방법이 없다. 하지만 투자자 네 명이 기업을 설립한다면 특정 기업에만 가치가 있는 운하나 공장은 그 기업 법인에 속하게 된다. 어느 주주도 기업 자산에서 자신의 지분만큼 돌려달라고 요구할 수 없다. 이 방식으로 투자자 네 명은 미래에 복잡한 상황이 벌어지는 것을 서로 피할 수 있다. 또한 기회주의라는 사이렌의 노래도 벗어날 수 있다.

더 많은 장점: 기회주의 제한

투자금 회수를 제약하는 것이 어떻게 기회주의를 막을 수 있는지 더 살펴보기 위해 다음의 경우를 생각해보자. 투자자 네 명이 파트너십 계약을 통해 운하나 공장을 짓고 향후 수익을 25퍼센트씩 나누어 갖기로 했다고 하자. 운하나 공장이 완공된 후에 그중 한 명이, 자신에게 이익의 50퍼센트를 지급하도록 계약을 변경하지 않는다면 운하 또는 공장의 4분의 1에 해당하는 부분을 가지고 나가겠다고 한다. 그 위협은 자멸을 초래할 수 있지만 효과적이다. 은행 강도가 은행원에게 자신이 시키는 대로 하지 않으면 전부 폭파해버리겠다고 협박하는 것과 마찬가지이다.

이 투자자 네 명이 기업을 설립해 사업한다면 그런 홀드 업(hold up, 거래 관계에 있는 참가자 중 하나가 공동으로 진행 중인 업무에서 철수할 경우 전체의 손해가 너무 크기 때문에 그 참가자가 무리한 요구를 할 수 있는 상황 — 옮긴이)을 시도하려는 동기가 현저히 줄어든다. 이제 운하나 공장은 기업이라는 법인이 소유하여 그 법인에 묶인다. 주주 한 명이 자본을 철수하겠다고 위협해서 일방적으로 사업을 망칠 수 없게 된다. 기업의 이사회가 배당금 지급 여부와 시기를 결정하고, 이사회를 교체하려면 주주 4명 중 3명이 의견을 같이해야 한다.

회사채 소유자와 외상 채권자의 역할을 생각해보면 투자자의 기회주의를 단념시켜야 할 이유는 더욱 명백해진다. 만일 회사채 소유자가 아무 때나 돈을 돌려달라고 요구할 수 있다면 어떤 기업도 안심하고 장기 투자를 위해 돈을 빌릴 수 없다. 반대로 주주가 아무 때나 자본을 회수할 자유를 가지고 있다면 그 위협으로 주주들은 빌린 돈으로 엄청난 배당금을 지급하게 하고, 기업은 파산하고 외상 채권자들은 빈손으로 남을 것이다. 게다가 주주들이 스스로 배당을 지급하는 것이 법 또는 계약으로 제한되어 있더라도(대체로 그렇게 되어 있다), 투자금 회수 제약이 없다면 기업의 채권자가 **주주들의** 채권자(주주들에게 돈을 빌려준 주체 ― 옮긴이)를 걱정해야 하고, 기업이 파산할 경우 채권자들에 앞서 주주들의 채권자가 자신의 이익을 위해 기업의 자산으로 자신의 채무를 먼저 처리할 수도 있음을 염려해야 한다.

이 마지막 이슈는 한스만과 크라크만의 2000년 논문에서 보다 자세히 논의되었다. 이 논문은 그들이 〈기업법 역사의 종말〉이라는 영향력 있는 에세이를 통해 주주 최우선 이데올로기가 승리했음을 공표하기 바로 직전에 발표되었다. 그들은 주주와 주주의 채권자들로부터 기업을 보호해야 할 필요성을 설명하면서 이것을 기업의 자산 보호 제도Corporate asset shielding라고 했다. 그들은 "기업의 자산 일부 또는 전부를 청산하면 기업의 계속 가치가 상당히 훼손될 수 있으므로" 자산 보호 제도는 사업 프로젝트에 필수라고 주장했다. "어떤 주주에 대한 채권자가 기업 자산에 압류권을 행사하겠다며 기업을 위협할 수도 있다. 실제로 그가 실현할 수 있는 이익이 거의 없거나 또는 아예 없더라도 기업 입장에서는 채권자의 요구 금액보다 압류 과정을 대처하면서 겪는 업무 지장으로 입을 손실이 훨씬 크기 때문에 그런 위협이 통할 수 있는 것이다."[4]

블레어의 투자금 회수 제약에 대한 논의와, 한스만과 크라크만의 자산 보호 제도 모두 전통적인 주주 최우선의 경영을 통해 향후 주주의 금융 자본을 '풀어주면' 그것이 근본적으로 주주 자신에게 실질적 피해를 끼칠 수 있음을 설명한다. 향후 금융 자본을 풀어주는 구조는 애초에 사업 시작을 어렵게 한다. 금융 자본이 주주와 채권자 모두를 위해 안전하게 보장될 때에만 비로소 복잡하고 불확실하고 장기적인 프로젝트 — 철도와 운하와 공장 건설, 신약과 소프트웨어와 기술 개발, 신뢰받을 만한 브랜드 상표 구축 — 를 위해 특정 기업에만 가치가 있는 투자가 이루어질 수 있다.

다른 장점들: 이해관계자들의 투자 독려

특정 기업에만 가치가 있는 투자에 대한 필요는 금융 자본에 국한되지 않는다. 1999년에 나는 마거릿 블레어와 함께 팀 협업 Team production 이론이라는, 기업 지배 구조에서 특정 기업에만 가치가 있는 투자의 역할에 대해 일반적인 이론을 제시한 바 있다.[5] 경제학자들은 프로젝트를 위해 '팀 협업'이 필수적이라고 이야기한다. 팀 협업은 두 명 이상의 참가자가 프로젝트의 성공에 필수적인 구체적 기여를 해야 하며 한 명이라도 프로젝트에서 빠지면 전체 가치에 큰 손해를 끼치게 되는 상황을 의미한다. 커다란 가구를 옮기는 것이 팀 협업의 대표적인 예이다. 두 명 이상의 사람이 필요하고 한 명이 중간에 그만두면 '가구를 옮기기 위해' 모았던 모두의 노력이 헛수고가 된다.

기업의 많은 프로젝트가 이해관계자들과의 협업이 있어야 성공할 수 있다. 이 프로젝트들은 재정적 투자자의 자금(투자자들의 돈은 임직원 급여, 특별히 제작된 장비, 그리고 다른 회수 불가능한 비용들에 쓰이면서 특정 기업에만 가치를 만들어내는 데 사용된다)을 묶어둘 필요가 있을 뿐만 아니라 임직원, 고객, 그리고 심지어 커뮤니티의 특별 투자를 묶어둘 필요가 있다. 예를 들어 철도는 철로가 필요하고 비어 있는 철도 차량도 필요하다. 또 전문 기술(엔지니어링, 도선 기술)과 그 지역의 직원이 필요하고, 철도를 이용해서 다른 지역으로 출퇴근할 고객도 필요하고, 철도 주변으로 길, 주차장, 학교, 전력망, 다른 필수 인프라를 만들고 유지 보수하는 지역 커뮤니티도 필요하다. 이 철도가 하루아침에 사라질 수도 있다고 생각하면, 다시 말해 채권자나 주주가 자금을 아주 쉽게 일방적으로 가져갈 수 있다면, 이 필수적인 이해관계자들은 그곳에서만 가치를 발휘하는 투자를 하지 않을 것이다.

나는 1999년에 블레어와 함께 쓴 긴 논문에서, 바로 이 팀 협업의 원리로 미국 기업법하에서 발생하는 복잡한 혼동 상황을 설명했는데, 이 상황은 표준적인 주주 친화적 모델로는 설명할 수 없다. 주주 대표의 소송 절차, 선관주의의무의 본질, 극단적으로 제한적인 주주의 투표권 등으로도 설명 불가능하다. 이 논문의 가장 중요한 의미는 팀 협업의 원리를 통해 이사회의 특별한 역할을 설명한다는 데 있다. 애덤 스미스Adam Smith 이래로 경제학자들은 왜 제정신인 투자자가 어렵게 번 돈을 낯선 사람에게 맡겨놓고는 관리할 권한을 양도하는지 궁금해했다. (이것이 바로 정확히 여러분이 상장기업의 주식을 살 때 벌어지는 일이다.) 블레어와 내가 제시한 대답은, 투자자는 이사회가 기업을 완벽하게 혹은 특별히 잘 운영하리라고 기대하는 것이 아니라 이사들이 알아서 기업이 잘 굴러가게 하리라고 기대한다는 것이다. 그러지 않으면 그들은 이사 자리를 잃게 될 것이기 때문이다. 또 투자자는 이사들이 기업 자산을 횡령하지는 않을 것이라고 생각한다. 기업법이 정한 선관주의의무는 실질적인 실행력을 가지고 있어서, 이사회가 기업의 권한을 통해 이사들의 부를 늘릴 수 없도록 엄격히 제한하고 있다. 투자자는 이사회에 기업의 자산 통제권을 양도함으로써 기업의 통합 효과를 볼 수 있다. 이사회를 통해 경영한다는 의미는, 이사들이 '조정 역할을 하는 권력자'가 되어서, 주주들이 기업에 필수적인 역할을 담당하는 다른 이해관계자들 — 고객, 협력업체, 임직원, 커뮤니티 — 에게 손해를 끼칠 수 있는 요구를 하지 못하도록 견제한다는 뜻이다. 따라서 다른 이해관계자들은 이사회에서 주주들을 견제할 것을 믿고, 안심하고 그 기업에만 가치가 있는 투자도 할 수 있는 것이다. 그런 이사회의 조정이 있기 때문에, 그런 조정이 없다면 다른 이해관계자들이 투자하지 않았을 프로젝트도 가능하게 되어 수익을 낼 수 있다.

투자자들의 손을 묶는 몇 가지 예

기업의 입장에서는 임직원과 다른 이해관계자들에게 해당 기업에만 가치가 있는 투자를 독려할 필요가 있는데, 이 상황을 살펴보면 전통적인 주주 최우선주의가 왜 문제인지, 흥미로운 실증적 문제를 설명해준다. 투자자들은 자신이 이미 주식을 소유하고 있는 기업이 주주의 권한을 제한하는 지배 구조 원칙을 가지고 있으면 불평하면서, 다른 한편으로 주주의 권한을 제한하는 지배 구조 원칙을 가진 다른 기업의 주식을 매입하려고 하는 모순된 모습을 보인다. 왜 똑같은 뮤추얼펀드 매니저가 시차 이사회 제도를 둔 기업의 주식을 사면서, 동시에 포트폴리오에 포함된 다른 기업에서 시차 이사회 제도를 없애려는 안건에는 ISS와 함께 찬성표를 던지는가?[6] 애초에 주주의 권한을 제한하는 기업의 주식을 사지 않으면 되는 것 아닌가?

율리시스의 이야기가 답을 제시한다. 기업이 결과가 불확실하고 복잡하고 시간이 오래 걸리는 프로젝트 — 새로 브랜드를 만들거나, 새로운 기술을 발명하거나, 신약이나 소프트웨어를 개발하는 프로젝트 — 를 추진하려면 반드시 임직원의 창의력, 헌신, 열정이 있어야만 한다. 불행하게도 창의력, 헌신, 열정을 보장하는 근로계약을 작성하기는 어렵다. 대신 기업은 임직원의 투자가 인정받고 보호받을 것이라고 보증해줌으로써, 이들이 특정 기업에만 가치가 있는 투자를 마다하지 않도록 독려할 수 있다. 그 프로젝트와 그로 인한 이익을 이사회의 손에 맡기고, 이사회가 금융 자본을 철수하거나 (주주들이 하듯이) 이해관계자들을 기회주의적으로 위협해서 사적 이익을 취할 수 없게 한다면, 임직원은 자신이 기업에 한 투자가 안전하다고 확신할 것이다. 그러므로 시차 이사회 제도나 이중 주식 구조와 같은 지배 구조 조항을 두면 더 성공적인 기업 프로젝트가 생길 것이고 결국 그러한 지배 구조를 가진 기업이 더 매력적인 투자 대상이 될 것이다.

물론 사이렌의 노래가 들리자 율리시스는 손을 풀어주기를 원했다. 비슷하게 기업의 이해관계자들 역시 성공에 꼭 필요하고 특정 기업에만 가치가 있는 핵심적인 투자를 이미 하고 나면, 주주들은 이해관계자들이 이미 신뢰하고 투자했으니 돌이키지 못하는 취약한 상황을 이용해서 착취하고 싶어질 수 있다. 예를 들어 어떤 기업이 생산 시설을 중국이나 인도로 옮기겠다고 협박해서 임직원의 임금을 깎고 지역 공동체에서 더 큰 규모의 감세를 받아내 이익을 늘리려고 할지 모른다.

그러나 선관주의의무 때문에 이사들은 이해관계자들을 착취해서 사적 이익을 거둘 수 없다. 이해관계자를 착취할 이유가 없으니 이사회는 기회주의적으로 행동하라는 주주들의 요구를 거부할 것이다. 하지만 주주들이 손쉽게 이사회를 제거해버린다면 어떻게 될까? 아마도 집단행동의 문제가 없을 투자자에게 집단적으로 주식을 팔아서 그 투자자가 인수한 후 이사회를 제거하게 할 수 있을 것이다. 그리고 나면 주주는 이사회에 임직원을 착취해 더 많은 이익을 내라고 요구하기에 훨씬 더 유리한 위치가 된다. (경제학자인 안드레이 슐라이퍼Andrei Shleifer와 로렌스 서머스Lawrence Summers가 추정한 바에 따르면 칼 아이칸Carl Icahn이 TWA를 인수하면서 TWA 주주들이 얻은 인수 보상금이 3~4억 달러 정도였는데, 노동조합에 가입한 TWA 임직원들은 향후 받을 수 있는 임금에서 8억 달러의 손실을 입었다.[7]) 왜 1980년대 적대적 인수 시장의 발달이 (임직원을 힘들게 하는) 노동시장 축소와 (채권자들에게 손해를 입히는) 부채비율 증가를 가져왔는지는 바로 이 논리를 통해 설명할 수 있다.

투자라는 공유지에 또 다른 비극이 발생한다. 이해관계자들은 결국 주주가 무슨 일을 벌이는지 알아차리고, 주주 최우선주의의 압력에 영향을 받는 상장기업에서는 그 기업에만 가치가 있는 투자를 꺼리게 될 것이다. 대신 특정 기업에만 가치 있는 투자는 개인적인 신뢰를 보여주는 주주들로 구성된 비상장기업에서 하거나 아예 하지 않을 것이다. (이사들이 쉽게 밀려나지 않도록 제도화된 이사회를 가진 기업이 임직원을 더 잘 챙기고 사회적 책임도 더 성실히 수행한다는 증거가 있다.[8])

팀 협업의 필요성

위와 같은 상황 때문에 주주 가치 사고는 상장기업에 대한 잠재적 이해관계자들의 인식을 바꾸어서, 이해관계자들은 상장기업에서 팀 협업이 필요한 프로젝트를 추진하기 어렵다고 생각할 것이다. 그리고 실제로 그렇다. 설문조사에 따르면 미국 기업들이 주주 최우선주의 이데올로기를 받아들이기 시작하면서, 임직원의 충성도가 떨어지고 있다.[9] 마찬가지로 책의 도입에서 밝힌 것처럼 일부 상장기업이 '상장 철회'하면서 상장기업 수가 급격히 감소했고 새로 설립되는 기업도 상장을 고려하지 않고 있다.

5장에서도 살펴본 바와 같이, 주주 가치 사고가 팀 협업을 위축시킨다는 이 주장을 뒷받침하는 실례들이 많다. 영국은 금융과 원자재 추출 산업, 특히 광물질, 석유, 가스 생산에 주력하는 글로벌 기업이 상대적으로 적다.[10] 이유는 상대적으로 주주 친화적인 영국의 법(예를 들면 주주들이 배당 결정 투표를 할 수 있고 이사 교체가 더 쉽다) 때문일 것이다. 이 법들 때문에 영국 기업은 주주의 자본을 묶어두기가 더 어렵다. 예를 들어 딥워터 호라이즌 원유 유출 사건으로 미국 정부가 압력을 가하자, BP는 정기적인 배당 지급을 중단한다고 발표했다. 그러자 퇴직소득으로 BP의 배당금에 의존하는 영국 연금 수령자들의 항의가 빗발쳤다. BP는 많은 원유 산지를 포함해 약 300억 달러 규모의 자산 매각 계획을 발표한 후 재빨리 배당 지급을 재개할 것에 동의했다. BP가 배당을 유예한 기간이 굉장히 짧았다는 점, 주주들을 실망시키기보다는 자산을 매각하려고 한다는 점은, 주주 최우선주의가 강력하면 이해관계자들을 보호하려는 분위기에서도 기업 자산을 묶어두기가 얼마나 어려운지를 보여준다 영국의 상장기업이 금융과 원자재 추출 분야에 집중되어 있는 이유도 이것으로 설명할 수 있다. 두 산업 모두 특정 기업에만 가치가 있는 투자를 크게 요구하지 않는다. BP 가 자산을 매각한 데서 볼 수 있듯이, 생산적인 광산과 원유 산지 는 특정 기업에만 가치가 있는 자산이라기보다는, 시장에 내놓으 면 합리적인 가격에 비교적 쉽게 매각할 수 있는 자산이다. 금융 업 역시 돈과 사람만 필요한 산업이다. 당연히 돈은 특정 기업에 만 가치가 있는 것이 아니다. HSBC에서의 1달러는 정확히 바클 레이즈에서도 1달러이다. 골드만 삭스 투자 은행과 모건 스탠리 증권사는 쉽게 그들의 기술과 고객과의 관계를 인수할 수 있고, 적어도 미국 내에서는 인수가 자주 벌어진다. 그것을 막는다면 바 로 미국 수정 헌법 제13조와 충돌할 것이다. (미국 수정 헌법 제13조 는 공식적으로 노예 제도를 폐지하고, 범죄자 외에는 누구도 비자발적인 예 속을 당하지 않음을 보장한다. 저자는 해당 기업의 의지만 있으면 누구도 금 융권 인수를 막을 수 없다는 취지로 이 헌법 조항을 언급한다. ─옮긴이)

주주 가치 사고가 미국보다 영국에서 더 우세하기 때문에 영국 의 비즈니스 영역이 금융업과 원자재 추출 분야를 넘어서서 발 전하지 못하는 것일 수도 있다. 영국은 상대적으로 경제 규모가 작아서 경제적 노력 대부분을 금융과 원자재 추출 분야에 집중 할 수밖에 없다고 주장하는 사람이 있을지 모른다. (다르게 주장하 는 영국의 연금 생활자가 있을 수도 있다. 사고가 나기 전 BP의 배당금은 영 국 기업이 지급한 전체 배당의 거의 15퍼센트를 차지했다.[11]) 그러나 그런 극단적인 전문화는 미국같이 큰 나라에서 실행 가능한 전략이 아니며 세계 경제 전체로도 그렇다. 누구인가 어디에서인가는 자동차, 배, 항공기를 만들어야 하고, 새로운 약이나 의료 기기도 연구해야 하고, 새로운 소프트웨어와 정보 기술도 개발하고, 텔레비전, 컴퓨터, 아침 식사용 시리얼을 판매하기 위해 믿을 만한 브랜드도 만들어야 한다.

팀 협업 이론에 의하면 그런 사업들은 주주 우선주의 이데올로기를 따라서는 성장할 수 없다. 주주가 사전에는 '자신의 손을 묶어놓고' 자신과 또 다른 이해관계자가 특정 기업에만 가치가 있는 투자에 기여할 것을 독려하고, 사후에는 기회주의적으로 스스로를 풀어 자본을 빼내고 다른 이해관계자의 기여를 착취하려는 것, 이 둘 사이에 피할 수 없는 갈등이 있다. 상장기업을 주주 최우선주의 경영으로 관리하면 이 갈등 — 바로 자기 안에서 벌어지는 사전과 사후 간의 갈등 — 때문에 특정 기업에만 가치가 있는 투자를 요구하는 프로젝트에 대하여 더 불리하게 된다. 주주 가치 사고를 거부하고 대신 이사회에 임직원, 고객, 사회 공동체의 요구를 고려하라고 하면 이사회는 주주와 이해관계자의 이해관계 갈등뿐만 아니라 주주 자신의 사전과 사후 이해관계 갈등까지 효과적으로 조정할 수 있다.

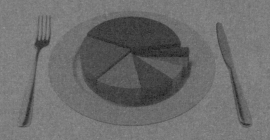

7장

헤지펀드와 유니버설 오너

대부분의 사람들에게 기업은 추상적인 존재이다. 오래된 유명한 영어 표현으로 기업을 설명하면, '욕해줄 영혼도 없고 때려줄 몸도 없는 존재no soul to damn and no body to kick'이다. 반대로 주주들은 실체가 있는 존재로 보인다. 주주를 떠올리면 자녀의 학자금을 위해 저축하는 부모, 배당금을 기다리는 은퇴자, 때로는 대저택의 깔끔하게 정리된 잔디 사이로 페라리 스포츠카를 몰고 가는 부유한 헤지펀드 투자자가 그려진다.

기업이 실재이고 주주가 허구이다

이제 반대의 관점을 생각해보자. 기업은 눈에 보이지 않을지 모르지만 완전하게 실재한다. 기업은 부동산을 소유하고 계약을 맺고 불법 행위를 저지르면 발생한 피해에 대해 배상한다. 기업은 무한히 존속할 수 있고, 웬만한 국가보다 더 많은 자원을 통제하기도 하며, 잡초처럼 열악한 장소와 기후에서도 생존할 수 있다. 반대로 '주주'는 가공의 존재이다. 우리가 주주를 기업보다 더 실재처럼 느끼는 것은 주주를 생각할 때 떠오르는 이미지가 사실은 주주가 아니기 때문이다. 우리는 주주를 생각할 때 사람을 생각한다. 부서질 수 있는 생물학적 유기체인 사람이 다른 많은 자산을 소유하듯이 주식을 소유하는 것은 사실이다.

표준적인 주주 최우선 모델은 실제로 존재하지도 않는 대상의 관점에서 기업의 성과를 판단하려고 한다. 다시 말해서 이 가상의 존재는 한 기업의 주가를 극대화하는 것만을 유일한 목적으로 삼는다. 하지만 그런 존재는 실재하지 않는다. 심지어 연기금과 뮤추얼펀드 같은 기관 투자가조차도 다양한 분산 투자를 추구한다. 기관 투자가도 한 기업만이 아니라 다른 기업들의 주식에도 투자하고, 회사채, 우선주, 부동산, 그리고 다른 종류의 투자처에도 투자한다. 게다가 이런 기관 투자가 본인은 사람인 수혜자들의 이익을 위해 존재한다. 그 수혜자들도 종종 주택, 부동산, 은행 저축에 투자한다. 사실 많은 수혜자들이 가장 많이 투자하는 분야는 자신의 인적 자본, 즉 건강, 교육, 직업 소득을 위한 부문이다. 그리고 사람들이 직접 주식을 소유하든지 아니면 뮤추얼펀드나 연금을 통해서 투자하든지 간에 그들은 투자자이기만 한 것이 아니다. 그들은 물건을 사는 소비자이고, 세금을 내는 국민이며, 숨 쉬고 물을 마시는 생명체이기도 하다.

손해는 누가 보는가?

이런 기본적인 생각은 주주 가치 사고에 대해 중요한 지적 의문을 던진다. '유니버설 오너universal owner(특정 기업이나 산업의 주주가 아니라 장기적으로 다양한 산업의 주식을 보유한 자본시장 전체의 주주를 말하는데, 수익성만을 고려하지 않고 지속 가능한 발전과 자본시장의 효율성을 동시에 추구한다는 특징이 있다. — 옮긴이)' 또는 '유니버설 투자자'라는 관점을 고려해야 하지 않겠는가? 주주 가치 사고는 플라톤적 투자자의 관점에서 세상을 바라본다. 이 관점에서 가정하는 투자자는 한 기업(예를 들어 BP)의 주식이 자신의 유일한 자산이고, 삶의 유일한 목적이자 소망은 어떤 수단과 방법을 통해서든 BP 주가가 오르는 것이다. 하지만 이런 플라톤적 주주는 존재하지 않는다. 실제로 존재하는 사람은 직접적으로든 연금이나 뮤추얼펀드를 통해 간접적으로든 BP의 주식을 소유할 수도 있지만 BP 주가가 오르는 것 이외에도 훨씬 더 많은 것에 신경 쓴다. 다른 투자 자산의 가치가 지켜지기를 원하고, 직장의 자리를 지키기를 원하고, 세금을 덜 내기를 원하고, 건강을 유지하기를 원한다. 정도의 차이는 있지만 이들이 이 나라 경제의, 이 사회의, 이 행성의 '유니버설 오너'인 것이다.

여기 어떤 사람이 있다고 가정해보자. 이 사람은 BP 주식을 가지고 있다. 하지만 그뿐 아니라 BP의 채권도 가지고 있고 다른 정유회사 주식도 가지고 있다. 플로리다 팬핸들 해변에 집이 있고, 멕시코만 관광 산업 관련 일을 하며, 자신의 인적 자본을 중요하게 생각해 건강을 성실히 관리하고, 번성하는 해안 지역 공동체에서 사회적 관계도 잘 유지하고 싶어 한다. BP는 안전 관리 비용을 아껴 지난 몇 년 동안 이 투자자를 위해 평균 이상의 주가를 유지해주었다. 하지만 멕시코 걸프해에서의 엄청난 기름 유출 사고 때문에 BP의 위험 감수는 이 투자자의 다른 입장에 대해 엄청난 '외부 비용'을 발생시켰다. 딥워터 호라이즌 사고의 결과로 미국 정부는 멕시코 걸프해 탐사 시추에 정지 명령을 내렸고, BP뿐 아니라 다른 정유회사들의 시설도 정지되었다. 이 유출 사고로 BP

채권의 신용등급이 하락해 채권 가격에 손실을 입었다. 멕시코만 해변의 주택 가격이 떨어졌고, 그가 일하는 관광과 어획 산업도 어려움을 겪었다. 멕시코 걸프해의 생태계가 파괴되어 건강에 좋은 해산물을 공급하기 어려워졌고 안전하게 레크리에이션을 할 수도 없게 되었다.

BP사고는 기업이 엄청난 외부 비용을 유니버설 투자자들에게 전가해 주주 가치를 '창출'할 수 있음을 보여주는 하나의 사례에 불과하다. 더 많은 사례가 있다. 예를 들어 마이크로소프트나 오라클 같은 소프트웨어회사가 경쟁사를 사버리거나 무너뜨려서 이익을 높이고 독점적 영향력을 행사해 제품의 가격을 올릴 수도 있다. 안타깝게도 그 주주들이 소프트웨어의 소비자이기도 하다면 그러한 독점적 이익은 주주들의 주머니에서 나온 것이다. 버라이즌이나 휴렛팩커드는 구조 조정이나 임직원 의료보험 혜택 축소를 통해서 주가를 높일 수 있지만 미국 기업들이 집단으로 이런 방식을 도입한다면 투자자이자 기업의 직원인 사람들은 어려움을 겪을 것이다. GE는 로비 활동을 통해서 법인세를 줄일 수 있을지 모르지만 기업들이 법인세를 내지 않으면 개개인이 더 많은 세금을 부담하거나 정부의 혜택이 줄어든다.

마지막으로, 인수·합병 때 인수되는 기업의 주주들은 보유한 주식의 시장 가격보다 높은 프리미엄을 받음으로써 대체로 재산이 증가한다고 알고 있다. 하지만 여러 연구에 따르면 인수되는 기업의 주주들이 프리미엄을 받는 순간 인수를 시도하는 기업의 주식은 종종 주식 가치가 떨어진다.[1] 인수를 시도하는 기업은 인수되는 기업에 비해 대체로 규모가 훨씬 크다. 결과적으로 인수합병에서 피인수 기업의 주주들이 얻는 이익보다 인수하는 기업의 주주들이 잃는 손해가 더 클 수 있다. 순손익을 계산한 한 연구에 따르면 1980년부터 2001년까지의 기업 합병에서 발생한 전체 **손실**은 780억 달러에 달한다.[2] 그러므로 과열된 합병시장은 인수되는 기업의 주식을 가진 주주들에게만 이익이 될 뿐, 유니버설 오너들에게는 손해를 끼친다.

양쪽 모두의 한계

'주주'가 가상의 존재라는 것, 그리고 그들이 주가를 올리는 데 혈안이 되면 기업이 그 주식을 소유한 실제 사람에게도 해가 되는 일을 벌일 수 있다는 것을 생각하면 자연스럽게 다음과 같은 어려운 문제가 제기된다. 도대체 왜 수많은 다양한 투자자는 유니버설 오너로서의 이익에는 눈을 감고 있는 것일까? 왜 그들은 자신의 자산 가치와 이익에 해가 될 수도 있음에도 불구하고 개별 기업에 압력을 가해 주가를 올리기 위해 무슨 일이라도 벌이게 하는 것일까?

그 해답은 구조적 요인에서 찾을 수 있다. 즉 개인 투자자 대부분에게는 정보가 제한되어 있고, 개인 투자자의 이익을 대변해야 하는 많은 기관 투자가는 자신의 의도에 반反하는 요인들에 휘둘릴 수 있다. 우선 전형적인 '개미' 투자자 주주들의 처지를 살펴보자. 이들 대부분은 상대적으로 작고 분산된 포트폴리오를 소유하기 때문에 한 기업에 대한 지분율은 아주 미미하다. 이 상황에서는 개미 투자자 대부분이 자연스럽게 무관심해지기 마련이다. 특정 기업의 주식이 얼마 안 되는 상황에서 시간과 노력을 들여 그 기업에서 무슨 일이 벌어지는지 자세히 알아보는 것은 경제적으로 별 가치가 없다. 대신 이들은 간명하고 쉽고 비용 없이 알 수 있는 정보에 집중하는데, 바로 주식 가격이다. 그 결과 어떤 기업이 이들의 다른 입장에 해가 되도록 비용을 전가할 때에도 무슨 일이 벌어지는지 모른다. (BP의 주주들 중 BP가 멕시코 걸프해에서 방치했던 위험을 안 사람이 몇 명이나 되었겠는가.) 이들은 주가가 오르면 돈을 벌었다고 생각할 뿐 유니버설 포트폴리오의 다른 부분에서 입는 손해에 대해서는 무지하다.

기관 투자가, 특히 많은 개인 투자자가 투자를 맡긴 뮤추얼펀드와 연기금의 경우는 어떤가? 유니버설 투자자 개념의 지지자이자 유명한 경영대학원 교수인 제임스 하울리James Hawley와 앤드류 윌리엄스Andrew Williams는 만약 개인 주주들이 자신의 유니버설 이익을 충분히 잘 이해하지 못하거나 그 이익을 지키지 못하더라도 연기금과 뮤추얼펀드가 유니버설 오너의 재산 관리인으로 행동할 것이라고 주장했다.[3] 이 펀드들은 많은 개인 투자자의 자금을 합쳐서 운용하기 때문에 대규모 투자 포트폴리오를 관리한다. 예를 들어 캘리포니아주 연기금인 캘퍼스CalPERS는 2011년 현재 2천억 달러 이상의 투자 자산을 운용하고 있다.[4] 이런 연기금이나 뮤추얼펀드는 특정 기업의 지분을 상당량 소유할 수 있기 때문에 합리적 무관심에 빠질 수도 없고, 그 기업의 사업 전략이 주식, 채권, 부동산, 은행 대출, 펀드 등 다른 투자 자산 가치에 어떤 영향을 미칠지 파악하는 데 시간과 비용을 투자할 수도 있다. 마지막으로, 뮤추얼펀드와 헤지펀드는 개인 투자자들의 이익에 충실히 임할 의무가 있다. 이 개념은 단순히 기금 투자자로서의 이익만이 아니라 고객, 임직원, 주택 소유자, 그리고 이들이 살아가는 환경 안의 생물학적인 생명체로서의 이익까지도 포함한다고 넓게 해석될 수 있다.

연기금과 뮤추얼펀드가 일반 투자자들에 비해 유니버설 투자자의 이익을 보호하기에 더 나은 입장이기는 하지만 실질적으로 유니버설 투자자를 위한 효과적인 관리자인지는 여전히 회의적이다. 첫째, 연기금이나 뮤추얼펀드가 기금 포트폴리오의 금전적 이익을 고수하면서 동시에 그 밖의 혜택들, 예를 들면 안정적인 일자리, 적절한 수준의 의료 서비스, 낮은 세금, 깨끗한 환경과 같은 것들도 신경 써야 하는지에 대해서 — 조심스럽게 이야기하건 대 — 법적으로 입증된 바가 없다는 점을 명심해야 한다. 따라서 대부분의 뮤추얼펀드와 연기금 펀드 매니저들은 그런 문제에 주의를 기울이지 못하거나, 이미 충분히 받아들여진 선관주의의무에 부합하는 목표인 포트폴리오 가치 극대화에 중심을 두고 자산 관리를 할 것이다.

둘째, 개인 투자자들이 자신의 포트폴리오 관리를 위한 정보가 부족하고 합리적 무관심에 빠져 있듯이, 연기금과 뮤추얼펀드의 포트폴리오 관리자들이 투자자들의 유니버설한 이익을 잘 관리하는지를 판단하기도 쉽지 않다. 개미 투자자들이 기업의 성과를 판단할 때 어제 주가가 올랐나 내렸나를 확인하는 값싸고 쉬운 전략을 이용하듯이, 연기금과 뮤추얼펀드 투자자들도 펀드 매니저의 성과를 판단할 때 어제 펀드 포트폴리오의 가치가 올랐는지 내렸는지를 확인할 뿐이다. 따라서 펀드 매니저들은 자신이 운용하는 포트폴리오의 전체 가치에 악영향을 미치는 '이쪽 주머니에서 빼서 저쪽 주머니에 채우는 식의' 투자 전략은 피한다. 예를 들어 자신이 운영하는 펀드의 포트폴리오에 합병 발표된 기업 양쪽의 주식이 포함되어 있다면 피인수 기업의 주식만 보유한 주주에 비해 합병에 따르는 기대 효과에 더 부정적인 시각을 가질지 모른다. 하지만 펀드 매니저는 투자자들의 외부 이익에 손해를 끼칠지라도 포트폴리오에 있는 기업들의 주가를 높일 수 있는 전략을 지지하면 잃는 것보다 얻는 것이 더 크다. 연기금 펀드 매니저들이 중국과 인도로 일자리를 아웃소싱해서 비용을 줄이는 기업에 투자한다 해도 놀랄 일이 아니다. 그 아웃소싱으로 인해 사라지는 일자리가 그 연기금에 투자한 사람들의 일자리라고 하더라도 말이다.

자신의 부에만 관심이 있는 헤지펀드

만약 이런 구조적인 난관들이 큰 문제가 아니라고 하더라도, 연기금과 뮤추얼펀드 매니저들이 유니버설 투자자를 위한 재산 관리자로서 행동하기 어려운 또 다른 강력한 힘이 최근 등장했는데 그것은 바로 헤지펀드이다. 헤지펀드는 부유한 개인, 재단, 대학교의 기금, 심지어 일부 연기금과 뮤추얼펀드를 대신해 전문적인 주식 매매업자가 운영하는, 대체로 규제를 받지 않는 투자 집단이다. 2008년 현재 거의 2조 달러 규모의 헤지펀드가 운용된다고 추정된다.[5] 일반 투자자나 연기금, 뮤추얼펀드와는 달리 헤지펀드는 분산 투자를 하지 않는 경향이 있다. 오히려 행동주의 헤지펀드는 포트폴리오에 두세 기업의 주식만 보유한다.

따라서 헤지펀드 매니저는 좋은 성과를 낼 수 있고 잘 아는 분야에 집중적으로 포트폴리오를 구성해, 앞서 이야기한 플라톤적인 이상에 가깝게 위험을 분산하지 않은 채 한 기업의 주가에만 집중해 투자 자산을 운용한다. 그 결과 헤지펀드 매니저들의 이익과 유니버설 오너들의 관심이 종종 충돌한다. 헤지펀드 매니저는 다른 기업의 주식은 어떻게 되든 상관없이 자신들이 보유한 기업의 주가를 높일 수 있는 사업 전략을 지속적으로 강력하게 기획한다. 주가를 올릴 수만 있다면 그 기업의 채권 평가에 피해를 주더라도 극단적인 위험도 감수하라고 기업에 압력을 가할 것이다. 자신이 고급 의료 서비스를 받고 전용기를 탈 수 있다면, 투자한 기업이 직원 의료 혜택을 축소하든지 환경을 오염시키든지 개의치 않고 주가를 끌어올리도록 계속해서 압력을 넣을 것이다. (만약 멕시코 걸프해 해변이 기름 유출로 더럽혀진다면 그는 주말에 바하마로 날아가면 된다.)

예를 들어 행동주의 헤지펀드 운영자인 칼 아이칸의 표준적인 '투자' 전략을 살펴보자. 아이칸은 특정 주식을 대량 매입한 후, 새로운 주주로서의 위치를 이용해 이사회에 압력을 행사해 그 기업을 매물로 내놓고 가장 높은 가격을 부르는 인수 희망사에 팔라고 요구한다. (이 시점이면 아이칸은 이미 자신의 지분을 팔아치운 상태이다.) 여러 성과 중 하나로 그는 모토로라가 구글에 인수되도록 영향력을 행사했다. 그러나 드물게 그가 강력하게 인수를 반대하고 막으려고 애쓸 때가 있는데, 바로 인수하려는 기업의 주식을 소유하고 있을 때이다. 프리미엄을 받게 될 피인수 기업의 주주가 아니라, 프리미엄을 내게 될 인수 기업의 주주일 때는 인수를 반대하는 것이다.[6] 분명 아이칸은 인수·합병으로 투자자 모두에게 혜택이 돌아간다고 믿지 않는다. 그는 투자자 전체의 부에는 관심이 없다. 오직 자신의 부에만 관심이 있다.

헤지펀드가 유니버설 오너보다 유리한 이유

따라서 집중 투자하는 행동주의 헤지펀드는 유니버설 오너들의 복지에 유난히 위협이 된다. 물론 행동주의 헤지펀드 관리자는 자신이나 부자 고객들의 이익과 분산 투자하는 투자자들의 이익이 동등하게 중요하다고 주장할 것이다. 비슷한 논리로 유니버설 오너들이 수적으로 더 많다고 해서 그들을 더 우대해야 할 도덕적 이유 또한 없다고 주장할 것이다.

맞는 말이다. 하지만 우리가 행동주의 헤지펀드와 유니버설 투자자의 이익을 동등하게 취급하더라도, 유니버설 오너라는 개념은 여전히 주주 최우선주의에 의문을 제기한다. 왜냐하면 헤지펀드의 이익은 유니버설 오너들의 이익과 상반될 뿐만 아니라 주주최우선적 사고는 행동주의 헤지펀드가 기업에 과도한 힘과 영향력을 끼치게 하기 때문이다.

아이칸 같은 행동주의자는 소규모 개미 투자자, 심지어 분산투자하는 연기금과 뮤추얼펀드가 겪는 합리적 무관심 상황을 겪지 않는다. 다른 투자자 대부분은 분산 투자를 하기 때문에 영향력을 가질 수 없는 데 비해 헤지펀드 매니저들은 집중 투자를 함으로써 이사회에 영향력을 행사할 수 있는 이점이 있다. 상대적으로 적은 기업에 상대적으로 높은 지분을 가지는 행동주의 헤지펀드는 이사들이 대규모 자사주 매입, 자산 매각, 인원 감축, 그리고 '주주 가치를 띄우기 위해' 기획한 전략들을 실행하지 않을 경우, 난처한 뉴스와 위임장 대결이라는 현실적 위협으로 이사회를 압박할 위치에 선다.

5장에서 살펴본 바와 같이 헤지펀드 전략은 지속적인 가치 창출 없이 일시적으로 주가를 높이도록 고안된 계략에 지나지 않는 경우가 종종 있다. 그렇지 않더라도 주가를 올리는 계획은 명백하게 유니버설 투자자에게 해롭거나 그들의 다른 자산 가치를 떨어뜨릴 수 있다. 그렇기 때문에 헤지펀드가 개입할 때 주주 가치적 사고는 유니버설 투자자에게 특히 위험하다. 은퇴한 교사와 소방관, 집을 마련하기 위해 저축 중인 신혼부부, 자녀 학자금을 위해 저축하는 부모 등과 같은 대다수 유니버설 투자자들은 기업이 '주주 가치 극대화'를 추구하라고 요구하는 것이 얼마나 자기 파괴적인 결과를 내포하고 있는지 대체로 모른다. 만화 캐릭터 포고Pogo의 유명한 말을 빌리면 유니버설 투자자들이 강적을 만났으니, 그 적은 바로 우리이다.

8장

양심을 지키기 위해

일단 우리가 가상의 비현실적인 플라톤적 주주의 관점에서 투자자의 이익을 보지 않고 주식을 보유한 사람이 최소한 어느 정도 수준의 유니버설 투자자가 되는 현실에 초점을 맞춘다면, 전통적인 주주 가치적 사고는 ─ 모두에게는 아니더라도 ─ 어쩌다가 주식을 소유하게 된 많은 사람에게 자멸적인 투자 전략이 될 수 있음은 명백해 보인다. 그와 동시에 유니버설 투자자가 주주 최우선주의에 문제를 제기하는 데에는 한계가 있다. 유니버설 투자자로 분류되려면 직접적으로든 연기금이나 뮤추얼펀드를 통해서든 실제로 주식을 보유해야 한다.

다른 나라에 비해 미국인은 특히 주식시장에 애착을 가지고 있고 미국인의 약 54퍼센트가 직간접적으로 주식을 보유하고 있다.[1] 하지만 이 꽤 높은 수치에도 불구하고 여전히 수많은 미국인이 기업의 주식에 투자할 만한 여건이 되지 않거나 불안감 때문에 투자하지 못한다. 그리고 지구의 60억 인류 대부분이 주식 투자와는 거리가 있는 상황이다. 물론 이 경제 체제와 행성을 물려받을 미래 세대도 아직은 유니버설 투자자에 포함되지 않는다. 그리고 화장품 테스트를 위해 죽어나가는 동물들, 점박이올빼미처럼 멸종 위기에 처한 생명들, 극지방의 빙산이나 아마존의 열대 우림 같은 생태도 포함되지 않는다.

비록 실재하지도 않는 '주주'라는 존재보다는 유니버설 오너의 관점에서 '기업의 목적이 무엇인가?'라는 질문에 접근한다고 하더라도, 여전히 재산이 있고 투자를 할 수 있는 계급에 속한 사람들의 이익에만 초점을 맞추고 있는 것이다. 이 투자자들이 원하는 것은 무엇인가? 이들의 이익에 기여할 수 있는 것은 무엇일까?[2]

사람들 대부분은 사이코패스가 아니다

전통적인 주주 가치적 사고에서는 유니버설 투자자건 아니건 간에 투자자는 자신의 부에 대해서만 관심을 가진다고 가정한다.

대부분의 경제학 이론과 마찬가지로 주주 가치적 사고도 인간 행위를 설명하는 데 호모 에코노미쿠스homo economicus 모델을 받아들인다. 이 모델은 사람이 이성적이고 이기적이라고 가정한다. 하지만 경제학자들도 점차 호모 에코노미쿠스 모델이 맞지 않다고 하는 추세이다. 이러한 생각은 주주 가치의 패러다임에 네 번째 문제를 제기할 단초가 된다. 주주가 친사회적 존재라는 점이다.

이미 여러 사람이 지적했듯이 호모 에코노미쿠스의 중요한 문제점은, 완전히 이성적이고 완전히 이기적인 사람은 기능성 사이코패스라는 것이다. 만약 '경제적 인간'이 윤리적 범위나 다른 사람들의 복지를 전혀 신경 쓰지 않는 존재라면, 그는 물질적 이익을 얻을 수만 있다면 거짓말을 하고 남을 속이고 도둑질도 하고 심지어 살인을 저지를 것이다. 비록 많은 경제학과에 아직 호모 에코노미쿠스가 살아남아 잘 지내고 있지만, 최근 몇 년 동안 저명한 이론가 몇 사람이 소위 행동경제학이라고 불리는 분야로 관심을 넓혔고, 실제 사람들이 진짜 어떻게 행동하는지 살펴보기 위해 심리학적인 실험 데이터를 사용한다. 이 실험에서 중요하며 안심이 되는 결과가 나왔다. 우리 대부분은 파렴치한 사이코패스가 아니라는 점이다.

합리적인 논쟁 뒤에 제시된 과학적 자료에 의하면 사람들 대부분은 적어도 어느 수준 이상으로 '친사회적'이다. 일반적인 상황에서라면 대부분은 윤리적인 규율을 지키고 다른 사람에게 피해를 주지 않기 위해서 어느 정도 희생을 감수하리라고 기대할 만하다는 것이다. (대략 1~3퍼센트만이 이런 희생을 할 의지가 없는 사이코패스이다.) 매일 뉴스를 읽을 때면 정말 친사회적인 성향이 그렇게 보편적인지 의심스러울 때도 많다. 하지만 기억해야 할 점은 사기, 부정부패, 강간, 살인이 그만큼 상대적으로 드물기 때문에 뉴스가 된다는 점이다. ('거구의 남자가 참을성 있게 줄을 서서 기다림'이라든지 '아무도 지켜보지 않는데도 직원이 매장에서 물건을 훔치지 않음'이라는 식의 뉴스가 보도될 리는 없지 않은가!) '상식적인 예의'라는 표현이 의미하듯 친사회적 행동은 우리가 인식하지 못할 정도로 어디에나 있다.

친사회적 성향이 인간 특유의 것임을 보여주는 과학적 증거들이 있다. 예를 들어 '사회적 딜레마'라고 불리는 실험에 따르면, 익명의 실험 대상자에게 '자신의 이익을 극대화하는 배신의 전략'과 '자신은 약간 덜 받지만 그룹의 다른 멤버들은 더 받을 수 있는 협력의 전략' 중에 하나를 선택하게 하자 97퍼센트가 협력 전략을 선택했다. 이와 비슷하게 '독재자 게임'이라고 불리는 또 다른 실험에서는 참가자들을 두 명씩 짝지은 뒤 한 명에게만 돈을 주고 다른 한 명에게 그 돈을 나눠줄 것인지 물어보았다. 일부 실험에서는 운 좋게 돈을 받은 참가자 100퍼센트가 얼마 정도는 다른 참가자와 나누었다. 친사회적 행동에 따르는 개인적 비용이 증가하면 그런 행동이 나타날 확률이 줄어든다는 연구 결과는 놀랍지 않다. 우리는 아주 많이는 아니고 조금 손해를 보게 될 경우에 더 너그러워질 수 있다. 그럼에도 불구하고 실험 결과는 압도적으로 많은 사람이 적어도 적은 희생을 감수하고 양심을 따른다는 것을 보여준다.

대부분의 주주 역시 사이코패스가 아니다

투자자들이 다른 사람들에 비해 친사회성이 적다고 생각할 이유는 없다. 2천 명이 사망하고 수천 명이 크게 다친 인도 보팔의 폭발 사고를 막을 수 있도록 유니온 카바이드가 안전 조치를 강화한다면, 유니온 카바이드의 주주 대부분은 배당금이 줄더라도 행복하게 받아들일 것임을 나는 조금도 의심하지 않는다. 마찬가지로 엑손 주주 대부분도 엑손 발데즈 환경 재난을 막을 수 있었다면 자신의 투자 수익이 조금 줄더라도 그 편을 선택했을 것이라고 믿는다. 마찬가지로 한 설문조사에 따르면 주주의 97퍼센트가 기업의 경영진이 주주가 아닌 사람의 이익도 어느 정도는 고려하면서 경영하는 것에 동의했다.[3]

주주들이 이렇게 친사회적 움직임을 직접적으로 지지한다는 증거는 점점 더 인기가 늘어가는 사회적 책임 투자 펀드Socially responsible investment funds: SRI funds에서 확인할 수 있다. SRI 펀드는 소비자 권익, 인권, 환경 지속 가능성을 증진하는 기업에만 투자하고 담배, 아동 노동, 무기 생산을 지원하는 기업에는 투자하지 않겠다고 공언한다. 비록 증거가 섞여 있지만 적어도 여러 연구에서 SRI 펀드가 다른 펀드에 비해 다소 수익률이 떨어지는 것으로 나타났다.[4] 그럼에도 불구하고 SRI 펀드는 투자자들에게 큰 호감을 불러일으켜 다른 기관 투자 펀드에 비해 투자금이 잘 모이고 훨씬 크게 성장하고 있다. 2010년 기준으로 전문적인 자산 관리 기관의 12퍼센트가 하나 이상의 SRI 펀드를 운용했다.[5]

투자자들의 친사회적 경향을 발견할 수 있는 또 다른 증거는 B코퍼레이션B Corporation이라고 불리는 기업 형태를 허용하는 법안이 여러 주에서 통과되었다는 데서 찾을 수 있다. B코퍼레이션은 의무적으로 기업의 사회적, 환경적 성과를 외부에 공시해야 하고, 만약 이사회가 공공의 이익을 성실히 추구하지 못하면 주주들이 소송을 제기할 수 있다. 마지막으로 상장기업과 증권거래위원회는 수십 년간 주주 의결권 대리 위임장을 통해 기업에 더 책임 있는 행동을 요구하는 내용을 놓고 밀고 당기기를 해왔는데, 거기에는 억압적인 정치 시스템을 가진 나라에서의 이익을 박탈

하고, 임직원의 다양성을 대폭 증진하고, 기업의 탄소 배출을 줄이도록 노력하는 등의 내용이 포함되어 있다.

하지만 투자자의 친사회성을 보여주는 이런 직접적 증거들은 그 자체로 또 다른 의문을 일으킨다. 현대 과학에 의하면 대다수 사람이 적어도 어느 정도는 친사회적이다. 그렇다면 왜 지금보다 더 많은 자산이 SRI 펀드에 투자되지 않을까? 왜 더 많은 주주가 기업의 탄소 배출을 줄이라고 요구하는 안건을 제기하지 않을까? 투자자 대다수는 주가 이외의 문제에는 철저히 무관심하고 특수한 경우에 한해서만 친사회성을 보이는 이 현실을 어떻게 설명할 수 있을까?

우리 안의 하이드 씨

하버드 법대 교수인 아이너 엘하기Einer Elhauge는 이 문제를 더 자세히 연구했다.[6] 그의 설득력 있는 주장에 따르면, 친사회적 사람들이 주주가 되고 나서 반사회적 투자 결정을 하게 되는 데는 최소 두 가지 이유가 있다. 첫째, 주주가 평소 기업의 사업 결정에 참여하지 않기 때문에 사업 전반에 생소한 상황에서, 반사회적인 기업의 행위를 인식하게 되더라도 그것을 단속할 수 있는 위치가 못 된다. 그와는 반대로 주주 대부분이 볼 수 있는 것은 주가뿐이기 때문에, 이사회와 경영진이 제3자에게 해를 끼칠 수도 있는 선략(친사회적인 투자자들은 알아차릴 수 없는)을 쓰라고 압력을 가하는 경향이 있다. 그리고 문제가 발생하더라도, 경영 의사 결정에 깊이 개입하지 않았던 주주들은 개인적 책임감을 느끼지 않는다. BP 주주들 중 몇 명이나 딥워터 호라이즌 재난에 책임을 느꼈겠는가?

둘째, 친사회적 투자자는 또 다른 투자의 공유지 비극인 고전적인 집단행동 문제에 직면한다. SRI 펀드가 다른 펀드에 비해 수익률이 조금 낮다고 하더라도, 이 펀드를 선택하는 투자자는 친사회적 결과를 위해 어찌 되었든 직접 개인적 비용(낮아진 수익률)을 감수해야 한다. 동시에 '내 양심이 향하는 곳에 투자하겠다'는 개인적 결정이 사회 전체에서 기업의 행위에 끼치는 영향은 기껏해야 아주 미미하거나 아예 없을 가능성이 높다. 엘하기는 "개인적으로 SRI 펀드에 투자하는 것이 이타주의적 동기를 촉진하는 데 거의 아무런 영향을 미치지 못한다는 것을 알면서도 많은 사람이 SRI 펀드에 투자하는 것은 주목할 만한 일이다"라고 결론 내렸다.[7]

현대 주식시장의 특성이 친사회적 투자 행태에 우호적이지 않다는 엘하기의 주장은 행동주의 분석과도 일치한다. 과학적 증거가 보여주듯이 사람들 대부분이 친사회적 행동을 할 수 있고 그럴 의향이 있으면서도, 우리가 실제로 친사회적 행동을 하게 되는 것은 외부적인 사회 상황에 크게 좌우된다. 2011년에 출간한 책《양심 키우기: 어떻게 좋은 법이 좋은 사람을 만드나Cultivating Conscience : How Good Law Make Good People》에서 나는 이러한 현상을 '지킬 앤드 하이드 증후군'이라고 이름 붙였다.[8] 실험 결과, 다른 참가자들도 친사회적으로 행동한다고 생각하게 유도하거나, 개인의 친사회적 결정이 다른 참가자들에게 상당히 많은 이익을 가져다주도록 실험을 설계하면 참가자들은 기꺼이 친사회적으로 행동한다는 것을 알게 됐다. 반대로 참가자들에게 이기적으로 행동하라고 하거나, 다른 참가자들은 이기적으로 행동한다고 믿게 하거나, 자신들의 이기적인 행동이 다른 사람들에게 큰 피해를 입히지는 않는다고 여기게 하면 사람들은 더 이기적으로 행동한다.

결과적으로 사람들 대부분은 양면성이 있음을 알 수 있다. 하이드 씨의 성격이 작동하면 우리는 나의 결정이 다른 사람에게 어떤 영향을 끼치는지 생각하지 않고 내 몫만 챙기려 든다. 하지만 친사회적인 지킬 박사가 활성화되면 큰 비용을 요하지 않는 한 타인을 위해 희생하기도 하고 법적·도덕적 윤리 법칙을 준수한다.[9] 시에라 클럽과 세계 야생동물을 위한 기금에 돈을 기부하는 바로 그 사람이, 시추와 벌목으로 환경을 파괴하는 정유회사와 목재회사의 주식을 기꺼이 사들일 수도 있다는 말이다.

안타깝게도 투자에 관해서는 주주 최우선주의 이데올로기가 우리 안의 하이드 씨를 끄집어내도록 설계된 듯이 보인다. 기업의 표준적인 주주 중심 모델은, 기업이 이해관계자, 사회, 자연환경에 어떤 영향을 주는지에 대해서는 신경 쓰지 말고, 수단과 방법을 가리지 말고 주가를 올리도록 경영진에게 압력을 행사해도 괜찮으며 그것이 주주에게 도덕적으로 옳은 일이라고 가르친다. 또한 주주 가치라는 말은 다른 투자자 대부분도 이기적으로 행동한다는 의미를 내포한다. 마지막으로 이 표준적인 모델은 이기적인 투자가 다른 사람에게 피해를 주는 것이 아니라 더 나은 기업성과와 더 뛰어난 경제적 효율성을 독려하기 때문에 사실은 다른 사람들에게도 이익이 된다고 가르친다.

그런 이유로 아주 소수의 투자자들만이 SRI 펀드를 선택하는 것이 별로 놀랍지 않다. 엘하기 교수가 지적하듯이 소수라도 SRI 펀드를 선택하는 사람들이 **있다는** 게 놀라운 일이다. 오늘날의 주식시장 구조는 주주 최우선이라는 수사를 통해 친사회적 투자 행위를 막는, 거의 넘어설 수 없는 장애물을 세운 것이다.

양심을 버리게 하는 주주 가치 사고

안타까운 결과는 비록 우리 대부분이 양심도 없는 사이코패스
는 아니지만 투자 결정을 할 때는 **종종 그렇게 행동한다**는 것이다.
따라서 잘 맞춰진 도덕적 나침반을 가지고 있는 경영진과 이사회
가 있다고 하더라도, 그들은 주주 가치 사고를 통해 도덕적 나침
반이 전혀 없는 듯 행동하는 주주들의 가차 없는 압력에 노출된
다. 아이너 엘하기의 말처럼, 미국 기업법이 사실상 이사회가 이
익을 극대화하도록 의무화한다면 상황은 더 심각해질 것이다. 가
장 낮은 수준의 도덕 기준에 의해 기업 지배 구조가 영혼 없는 상
태로 몰리는, 기업이 역사적인 위협에 노출되는 상황이다.[10]

조엘 바칸Joel Bakan의 주목받는 2004년 다큐멘터리 수상작 '더
코퍼레이션The Corporation'은 이런 상황을 매우 잘 조명한 작품이다.
같은 제목의 영화와 책을 통해 바칸은, 기업 경영자는 자신이 주
주의 부를 극대화해야 한다고 믿기 때문에 기업은 '사이코패스
같은 괴물'이 되어 "다른 사람들에게 피해를 주어서는 안 된다는
도덕적 이유를 생각하지도 않고 그런 행동을 피하지도 않는다"
라고 주장했다.[11] 이것이 사실이라면 주주들이 비난을 피할 수 없
다. 토론토 대학의 법학 교수인 이언 리Ian Lee도 "기업이 실제로
'병적으로' 이익 극대화를 추구하는 존재라면, 그것은 기업법 때

문이라기보다는 주주들의 압력 때문이다"라고 주장한다.[12]

다시 한번 말하자면 우리는 주주 가치 이데올로기 때문에 기업이 주주 대부분의 실제 이익과는 반대로 작동해왔음을 알았다. 어쩌면 실제로 완벽한 이기주의자 — 사이코패스 — 라서 기업이 노동 착취를 하고, 소비자를 속이고, 직원들을 불구로 만들고, 환경을 오염시켜도 개의치 않는 개인 주주가 있을지도 모른다. 하지만 과학적 데이터에 의하면 우리 대다수는 그런 결과를 피하기 위해 어느 정도 이익이 줄어드는 것을 감수하려고 한다. 사회적 책임 투자의 결과를 보면 투자자들의 수익이 감소하더라도 그 차이는 미미하다는 것이 대부분의 연구 결과이다.[13] 이것은 곧 주주들이 사이코패스 성향을 가지는 것이 당연하거나 불가피해서가 아니라 주주 가치라는 이데올로기와 결합된 집단행동에 의한 불행한 결과일 뿐임을 말해준다.

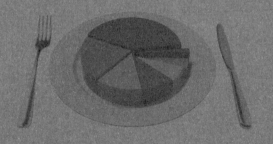

결론

죽은 경제학자의 노예

1933년 대법원의 리젯Liggett 대 리Lee 판례에서 루이스 브랜다이스Louis Brandeis 판사가 상장기업을 '기업법에 의해서 주정부가 만들어낸 프랑켄슈타인 괴물'이라고 부른 유명한 사례가 있다.[1] 브랜다이스는 리젯을 반박했지만 기업의 본질에 대한 관찰은 제대로였다. 상장기업이라고 알려진 법적 제도를 만들어냄으로써, 주 입법자들은 압도적으로 강력하고 긴 생명을 지닌, 사람과 법적으로 동등한 지위를 가지고 공존하는 존재에 생명을 불어넣었다. 기업은 이사진, 경영진, 직원의 역할을 담당하는 생물학적 유기체들의 합보다 훨씬 더 거대한 존재가 되었다. 부동산을 소유하고 부를 축적하고 계약을 맺고 소송을 하거나 당하기도 하고 자사에 유리한 입법을 위해 캠페인을 하고 새로운 기업을 만들어

번식하기도 한다. 우리가 기업을 만들었고 이제 그들과 이 세상을 공유하고 있다. 이 두 종의 관계는 공생일 수도 있고 먹고 먹히는 관계가 될 수도 있다.

공생자인가, 포식자인가?

아직까지 사람과 기업은 대체로 공생 관계를 유지하는 것처럼 보인다. 우리가 일반적인 사람의 품위는 간과하고 나쁘게 행동하는 상대적으로 드문 사례에 초점을 맞추는 경향이 있듯이, 어쩌면 기업이라는 형태가 주는 수많은 이익을 간과해왔을 수도 있다. 기업 덕분에 우리는 생명을 연장해주고 삶의 질을 높여주는 수많은 의료 제품을 저렴하고 쉽게 얻을 수 있다. 질병을 예방해주는 백신, 감염을 치료해주는 항생제, 원치 않는 임신을 방지해주는 피임 도구까지 말이다. 기업 덕분에 미국 한쪽 끝에서 다른 쪽 끝으로 천 달러도 안 되는 돈으로 6시간 내에 이동할 수 있다. (아무리 항공편이 불편하고 비싸다고 해도 걷거나 천막 마차를 타고 가는 것에 비하면 엄청난 발전이다.) 기업은 배당을 받는 주주, 이자 수입을 올리는 회사채 소유자, 월급과 퇴직 수당을 받는 임직원 등 많은 개인에게 훌륭한 생계 수단이 되기도 한다. 기업은 우리 사회와 미래 세대를 위해 세금을 내고, 과학적 발견을 하고, 새로운 기술을 고안하고 만들어낸다. 뉴욕대 법학 교수 신시아 에스틀런드 _{Cynthia Estlund}가 지적하듯이, 기업 덕분에 우리는 서로에게 더 잘 대하고 성적·인종적 평등을 실현하며 통합된 작업 환경에서 협력할 수 있다.[2]

그러나 기업이 우리의 삶에 끼치는 영향이 더 이상 긍정적이지만은 않다고 의심할 만한 이유는 여전히 남는다. 지난 십여 년간 상장기업 주주의 수익률은 정체되고 혁신은 주춤했으며 임직원들은 점점 더 스트레스를 받고 직장은 안정적이지 못해 해고된 근로자가 늘어났다. 이와 동시에 많은 대형 상장기업이 엄청난 사기를 저지르고(월드컴, 헬스사우스, 아델피아), 금융위기의 벼랑으로 몰고 간 규제 완화 로비를 몰아붙이고(엔론, 씨티은행), 소비자들을 기만하고(컨트리와이드), 금융 시스템을 거의 마비시키는 위험을 초래하고(AIG, 골드만 삭스), 환경을 파괴하며(엑손, BP) 악당 역할을 해왔다.

주주 가치 사고로 덕을 본 사람들

이 책에서 주장하는 것은 오늘날 기업의 세계에서 우리가 보는 많은 문제는 기업에 의해서 벌어지는 뜻밖의 결과라기보다는 기업에 대한 잘못된 **아이디어**에 의한 것이라는 점이다. 그 아이디어란 기업이 주식 가격으로 측정되는 주주의 가치를 극대화하도록 운영되어야 한다는 것이다. 전문가들은 전통적인 주주 중심의 상장기업 모델이 기업을 설명하는 유일한 방식이 아님을 점차 깨닫고 있다. 사실 이 모델은 현실에 제대로 부합하지 않는다. 주주 최우선주의는 법적인 의무 사항이 아니다. 그 기반이 되는 이론 또한 기업의 실제 경제 구조를 잘못 파악하고 있다. 이 모델이 더 좋은 기업 성과를 만들어내는지도 실증적 증거가 뒷받침하지 않는다. 가장 충격적인 것은 지배 구조가 문제를 해결하기는커녕, 주주 가치 사고가 기업법과 실무에 더 큰 영향을 끼치기 때문에 미국의 기업과 경제 성과가 쇠퇴하고 있다는 점일 것이다.

그럼에도 불구하고 주주 가치 사고는 계속해서 비즈니스 세계와 인기 언론에서 큰 영향력을 행사하고 있다. 설상가상으로 법학과 경영학 수업에서는 여전히 주주 가치 사고를 가르치고 있다. 최근 브루킹스 연구소가 실시한 우수 로스쿨과 경영대학원 교과 과정에 대한 연구에 따르면 "많은 전문 대학원 과정은 기업 이익과 주주 가치 극대화를 강조하고 있으며", "주주 가치의 강조는 특히 로스쿨에 널리 퍼져 있다." 그 결과 "학생들은 기업의 최우선적 목적이 주주 가치를 극대화하는 것이며 오늘날 기업의 리더들이 의사 결정을 할 때 그렇게 행동한다고 믿는다."[3]

주주 가치 사고는 어떻게 그런 저력을 가지게 되었을까? 앞서 이야기했듯이 주주 최우선주의는 분명 매력적인 요소가 있다. 학생과 독자에게 기업을 인상적으로 설명하고 싶어 하는 교육자와 저널리스트들, 기업 성과를 손쉽게 측정하고 싶어 하는 연구자들, 사회적으로는 비용이 들지만 개인적으로는 이익을 낼 수 있는 사업 전략을 선동하는 데에 지성적인 포장이 필요한 행동주의 헤지펀드 매니저들, 스톡옵션이나 다른 성과급 제도를 통해서 '주주의 부를 증가시킨다'는 주문을 앞세워 자신의 부를 증가시키기에 바쁜 최고경영자들에게 특히 그렇다.

하지만 이런 이해 집단의 요구 때문에 주주 최우선주의가 현대 기업 목적론을 주도해왔다고 볼 수는 없다. 결국 2장에서 보았듯이, 주주 가치 이데올로기는 종종 다른 강력한 이해 집단의 이익에 손해를 끼치는데, 그 집단은 바로 투자자 자신이다. 그럼에도 불구하고 많은 투자자가 — 행동주의 헤지펀드는 말할 것도 없고, 일반 개미 투자자뿐만 아니라 연기금과 뮤추얼펀드 같은 기관 투자가까지 — 기업으로 하여금 시차 이사회 제도를 폐지하고, 스톡옵션과 다른 주가 연동 보상 체계를 이용해 경영진의 임금을 지불하고, 현직 이사진이 재선임되기 어렵도록 최고 득표자 선출 방식보다는 과반 득표자 선출 방식을 채택하도록 강요해왔다. 이와 유사하게 투자자들은 '주주 최우선주의'를 독려하려는 증권거래위원회의 조치를 지지해왔다. 즉 증권거래인의 투표권을 빼앗고, 주주 위임장 대결을 위해 주주들이 기업 자금에 접근할 수 있도록 허용하고, 주주 가치 사고에 기반하는 다른 규정 변경을 받아들인 것이다. 주주들은 자신이 피해를 입는 데도 불구하고 주주 최우선주의의 가장 열렬한 지지자가 되었다.

신화의 유혹

2007년 베스트셀러 《블랙 스완The Black Swan》에서 저자이자 헤지펀드 매니저였던 나심 탈레브Nassim Taleb는 왜 주주 가치 신화가 그렇게 강력해졌는지를 설명한다. 탈레브에 따르면 "소설, 이야기, 신화, 민담은 모두 같은 기능을 가지고 있다. 그것들은 우리를 현실 세계의 복잡성에서 벗어나게 해주고 무작위로부터 우리를 보호해준다."[4] 주주 가치 신화의 가장 큰 매력은 제멋대로이고 복잡한 리얼리티, 바로 주주 자신의 본질을 길들여서 단순화하는 데 있다.

이 책은 주주 가치 극대화라는 아이디어가 플라톤주의적인 실체로서의 '주주'라는, 실제로는 존재할 수 없는 추상적 개념에 의

지해 있음을 밝혔다. 이 실체는 오로지 한 회사의 주가만 신경 쓰는 존재이다. 실제로 각각의 주주들은 서로 다른 가치를 가지고 있기 때문에, 주주 가치라는 하나의 이상적 개념이 있다고 보는 것은 본질적으로 잘못된 접근이다. 최근의 기업법과 경제학 전문가들은 주주들을 점점 더 다양한 존재로 인식하고 있다. 주주들은 투자 기간이 서로 다르고, 사전과 사후에 다른 관심을 가지며, 분산 투자의 정도도 다르고, 윤리적 규율을 따르고 다른 사람에게 피해를 주지 않기 위해 자신의 재산을 얼마나 희생할 것인지도 다르다. 전통적인 주주 가치 사고는 단순히 갈등이 없다고 생각해버림으로써, 서로 다른 주주들의 부딪히는 욕구 문제를 가라앉힌다.

그 과정에서 주주 가치 이데올로기는 투자자를 가장 낮은 수준의 인간으로 취급한다. 즉 장기적 관점에서 투자하는 사람이 아니라 병적으로 성급한 투자자의 욕망에 타당성을 부여하고, 이해관계자와 서로를 위해 사전에 기여하려는 사람보다는 기회주의적이고 신뢰하기 어려운 사람을 대변한다. 분산된 유니버설 오너로서 자신의 이익에 더 예민한 사람이 아니라 비이성적으로 자기 파괴적인 사람을 옹호하고, 다른 사람과 다음 세대와 이 행성을 친사회적인 관점에서 걱정하는 사람보다 사이코패스적으로 이기적인 사람을 대변한다. 이 단편적인 주주의 이익에 대한 개념은 현실적이지 않고 제대로 기능하지도 않는다.

단 하나의 기준은 불가능하다

대안이 없다고 주장하는 전문가들이 있을지 모른다. 기업의 성과를 판단하는 유일한 기준으로 주주 가치를 이용하는 것에 대한 한 가지 논리는, 이사진과 경영진이 회사를 잘 운영하는지를 평가할 수 있는 하나의 객관적 기준이 없으면 그들이 정신착란증을 일으킬지 모른다는 것이다. 경제학자인 마이클 젠슨은 다음과 같이 주장한다. "어느 조직이든지 목적에 맞게 또는 이성적으로 행동하고 있는지를 조명해줄 수 있는 하나의 가치를 담은 목적을 가져야 한다. … 동시에 하나 이상의 차원을 극대화하는 것은 논리적으로 불가능하다. … 그러므로 경영자에게 이윤도, 시장 점유율도, 미래 성장 이익도, 또 다른 지표도 극대화하라고 말하면 그 경영자가 사리에 맞는 의사 결정을 할 방법이 없게 만든다. 또한 사실상 그 경영자가 아무런 목표도 갖지 않게 만든다."[5] 젠슨에 따르면 "그 해결 방법은 조직의 성과를 측정할 수 있는 (하나의 차원으로 된) 진정한 점수를 정의하는 것이다."[6]

이 관점은 명백한 사람의 능력, 즉 사람에게 비록 완벽하지는 않지만 이익과 책임 사이의 균형을 맞추는 능력이 있다는 점을 무시하는 것이다. 아이를 한 명 이상 키우는 부모라면 (아이들의 건강한 삶을 위해 서로 균형을 맞추어주어야 하는 것은 말할 필요도 없고), 하루하루 형제자매가 이익을 놓고 다투는 상황에서 균형을 잘 맞추어주어야 한다. 판사들은 사법적 효율성과 정의의 문제를 놓고 정기적으로 균형을 맞춰야 한다. 교사는 진도가 빨리 나가기를 원하는 학생과 천천히 나가기를 원하는 학생 사이의 균형을 맞추어야 하고, 대학교수는 교육과 연구 사이에서 균형을 맞추어야 하며, 장사하는 사람들은 물건 하나를 더 팔고 싶은 마음과 빨리 집에 가서 가족들과 저녁 시간을 보내고 싶은 마음 사이에서 균형을 맞추어야 하는 것이다. 해내기 어렵다는 것이 할 수 없다는 뜻은 아니다. 우리는 매일 균형을 맞추며 살아간다. 오직 한 가지만 '극대화'하는 것보다는 때로는 서로 부딪히는 여러 목적을 슬기롭게 만족시키기 위해 균형을 맞추는 것이 인생사의 법칙이지, 예외가 아니다.

또 다른 연관된 주장은, 비록 전통적인 기업의 주인-대리인 모델이 약점은 있지만 기업이 무엇을 해야 하는지 확실하게 말해준다는 것이다. 기업의 목적을 설명하는 대안 이론들, 예를 들면 이해관계자 복리 이론이나 팀 생산 이론은 논란의 여지가 있고, 더 중요하게는 특정 상황에서 이사진과 경영진이 정확히 기업의 목적을 무엇으로 책정할지 분명하게 말해주지 않는다는 것이다. 이 주장은 곧 손에 도구를 단 하나 들고 있다면 지금 써야 할 도구는 바로 그 도구라는 말이다.

이 주장은 때로는 그 도구가 어떤 정해진 일을 처리하는 데 부적절할 수 있고 맞지 않을 수도 있어서, 그냥 도구상자에 놔두어 먼지가 쌓이게 하는게 차라리 나을 수도 있다는 점을 간과하고 있다. 만약 당신이 의사이고 위장병 환자를 진료하는데 손에 전기톱을 들고 있다고 생각해보라. 태평스럽게 그 전기톱을 들고 무엇인가를 해보려고 한다면 원래보다 더 나쁜 상태를 초래할 것이 뻔하다.

마찬가지로 미국의 기업 성과를 가늠할 때 오로지 주가만으로 평가한다면 우리는 다른 주주들의 다양한 관심은 무시하고 근시안적이고 기회주의적이고 외부 비용에는 무관심하고 양심은 없는 특정 그룹의 관심에만 초점을 맞추는 꼴이다. 종합하자면 기업이라는 존재의 궁극적인 목적에 대한, 다소 애매할 수도 있는 상황을 어느 정도 받아들이는 편이 훨씬 낫다는 것이다. 델라웨어의 대법관이었던 윌리엄 앨런William T. Allen이 표현한 대로 "상장기업처럼 규모가 크고 우리 생활에 널리 퍼져 있고 중요한 조직의 목적을 하나의 관점으로 바라보는 것은 사람에게도 법에도 과한 기대이다. 상장기업이라는 존재는 너무 중대하기 때문에 그 목적을 단 하나로 단정하는 것은 불가능하다."[7]

현실을 제대로 보기

기업의 성공과 목적을 단 하나의 객관적 수치로 측정할 수 있고 그래야 한다는, 공상적이고 결론적으로는 자기 파괴적인 이 생각을 버려야만 기업법과 실무의 현실을 제대로 이해할 수 있다. 상장기업은 주주나 채권자가 아니라 이사회에 의해서 운영되며 이사회는 법적으로 문제가 없는 한 어떤 방식으로든 기업의 자산을 이용할 권한을 부여받았다는 사실이 다소 믿기지 않을 수도 있지만, 애초에 상장기업이 어떤 식으로 발달되고 생존해왔는지를 생각해보면 명백하게 보일 것이다. 적은 지분을 가진 수많은 주주의 합리적 무관심과 경영 판단의 원칙 덕분에, 20세기 상장기업 대부분의 이사진은 선관주의의무를 어기지 않으면서도, 주주들의 반대에 부딪칠 때도 있지만 사실상 자유로운 재량권을 가지고 기업을 경영하고 있다. 이렇게 되면 의심의 여지 없이 '대리인 비용'이 증가하고 때로는 기업의 궁극적인 목적이 이사회의 손에 맡겨진다. 하지만 이러한 상황으로 인해 미국의 상장기업들은 임직원, 소비자, 지역 공동체뿐 아니라 투자자들에게도 훌륭한 결과를 가져올 수 있었던 것이 사실이다.

최근 들어 주주 가치 사고가 힘을 받고 이사회가 주주들의 요구를 더 받아들이면서 투자자의 수익률은 상승은커녕 오히려 하락하는 추세이다. 한편 상장기업의 수는 줄어들고 있다. 많은 기업이 상장을 철회하고, 상장을 추진하는 기업은 더 줄고 있으며, 더 많은 기업(구글, 링크드인, 징가)은 상장하더라도 이중 주식 구조를 통해 일반 투자자의 투표권을 제한하고 있는 상황이다. 이것은 주주 최우선주의가 제대로 작동하려면 주주들이 개인이거나 소수 그룹이어야 하며, 기업은 본질적으로 소수에 의해 소유되어야 한다는 뜻이다. 미국의 전통적인 상장기업이 사라지는 것은 주주 최우선주의가 수많은 외부 투자자가 주주가 되는 기업들에 매력적이지도 효과적이지도 않은 비즈니스 모델이라는 것을 보여주는 간접적 증거이다.

새로운 논의가 가르쳐주는 것

그런 가능성을 생각할 때 기업 경영자, 정책 입안자, 투자자 스스로도 배울 교훈이 있다. 우선 기업을 운영하는 경영자 입장에서는 기업의 목적에 대한 새로운 논의들을 통해, 이사회와 경영진이 주가를 유일한 지표로 삼는다면 기업과 투자자들에게 해를 끼칠 뿐이라는 것을 배워야 한다. 보다 지속적인 가치를 위해서 경영진은 내일의 주가가 어떻게 될지만 생각할 것이 아니라 장기적인 주가에도 집중해야 하고, 기업의 성공을 위해 그 기업에만 가치가 있는 투자를 마다하지 않는 고객, 협력사, 임직원 등 다른 이해관계자들의 입장도 때때로 고려해야 한다. 게다가 주가만 강조하는 것은 기업의 사회적 책임을 위해 수익을 조금 양보할 의지가 있는 주주들의 친사회적 의향을 배려하지 않는 등 주주들의 다른 경제적, 개인적 관심에도 해가 될 수 있다.

그러므로 경영진과 특히 이사회가 진심으로 '주주 가치'를 증진하고자 한다면, 기업법이 보장하는 권력과 권위를 이용해서 재량을 포용해야 한다. (아이만 아납타위의 표현대로) '다양하고 종종 충돌하는 주주들의 이해관계를 조정하는' 역할을 해야 하는 것이다.[8] 이사회가 이 '다양하고 종종 충돌하는' 주주들의 이해관계를 완벽하게 조정할 것이라고 기대하지는 않는다. 하지만 잘 해내지 못할 거라고 생각할 이유도 없고, 이사회가 주주들의 이해관계를 조정하는 편이, 가장 근시안적이고 기회주의적이고 다양하지도 않고 비윤리적인 주주 그룹의 관심에만 비굴하게 반응하는 것보다 낫다. 그런 관점에서 자기 이익만 챙기는 집단이 저울의 한편에 올려지면 균형을 잡기가 특히 어렵다는 점을 이사회는 명심해야 한다. 스톡옵션이나 주가와 연동된 보상을 받는 경영진과 이사진은 주주 가치의 진정한 비전을 추구해야겠다는 동기를 갖기가 어렵다.

둘째, 만약 상장기업이 미국 경제의 활력소로 기능하기를 원한다면, 정책 입안자와 미래의 개혁가들은 사업 위기나 스캔들이 터질 때마다 더 이상 반사적으로 반응하지 말고, 이사회와 경영진이 특정 주주들의 요구에 보다 '책임감 있게' 행동할 수 있도록 기업 지배 구조를 '개선'해야 한다. 지난 20여 년간, 의회와 증권거래위원회와 민간 '정책 개혁가'들은 경영진이 주주와 그들의 부에 더 집중하도록 설계한 기업 규정을 하나둘씩 점진적으로 통과시켜 종합적으로 엄청난 영향을 끼치게 되었다. 예를 들어 1992년 증권거래위원회의 위임장 규정 변경으로 기관 투자가가 기업에 로비하기가 쉬워졌고, 1993년 조세 변경으로 상장기업이 임원들에게 주가와 같은 객관적 수치와 연동되는 보상을 하기가 유리해졌고, 2002년에 증권거래위원회는 뮤추얼펀드가 포트폴리오에 보유한 기업들의 의사 결정에 어떻게 투표하는지를 공개적으로 발표하도록 강제했다. (이로 인해서 뮤추얼펀드들이 습관적으로 경영진에게 우호적인 투표를 하기가 곤란해졌다.) 2002년 사베인스-옥슬리 법안의 규정에 의해 상장기업의 감사위원은 모두 사외이사로만 구성해야 하고, 2010년 증권거래위원회는 주식 중개인이

고객의 지분으로 행사할 수 있었던 투표권을 박탈했다. (주식 중개인들도 마찬가지로 대체로 경영진에게 우호적인 투표를 해왔다.) 이들 '개혁'으로는 투자자의 수익도, 주주의 만족도도 높아지지 않았다. 증권거래위원회가 추진하려는 논쟁적인 주주 대리 위임장 접근안과 같은 더 많은 규정을 통해서 '주주 민주주의'를 계속 증진하는 것이 전체 주주의 복리를 위하는 데 더 도움이 될지는 오리무중이다. 반면 주주 친화적이라고 여겨지는 그런 규정들 덕에 어떤 그룹의 주주(특히 고작 1, 2년 동안 치고 빠지는, 적은 종목에 집중 투자하는 헤지펀드)들이 바로 횡재를 얻는 동안 다른 주주들 대다수는 그로 인해 궁극적으로 손실을 입었다.

셋째, 그리고 앞의 내용과 관련해서, 투자자들 스스로 ─ 개인 투자자뿐만 아니라, 특히 궁극적으로 개인 가입자들의 이익을 위해 행동하게 되어 있는 뮤추얼펀드와 연기금 같은 기관 투자가도 ─ 다시 생각해봐야 할 전제가 있다. 과연 어느 시점에 기업의 주가를 높이는 그 무엇이 반드시 투자자의 복리에 도움이 되는가 하는 문제이다. 전통적인 주주 최우선주의는 은연중에 주가가 상승하면 투자자의 행복도 비례해서 증가한다고 가정한다. 기업의 본질과 목적에 관한 새로운 연구는 이 가정이 잘못된 것임을 논리적으로 보여준다. '주주 민주주의'를 더 증진하거나 임원 보상을 주가와 연동해 '인센티브를 주는' 방법은 특정 시기에 특정 기업의 주가가 일시적으로 올라 횡재를 얻기 바라는 헤지펀드와 같은 소란스러운 소수 주주 그룹의 강력한 정치적 지지를 이끌어낼 수 있다. 하지만 그런 전략들은 궁극적으로는 '투자 계층' 전체에게 피해를 줄 것으로 의심된다.

기업을 어떻게 생각할 것인가?

주주 가치 사고라는 횡포에서 풀려나야 할 때가 왔다. 주주 가치를 극대화하려는 사리사욕으로, 기업의 이사진은 시차 이사회 제도를 무너뜨리고, 주식 기반의 임원 보상 체계를 채택하고, 분기 수익 예상치를 맞추기 위해서 연구 개발비와 직원 복리비를 줄여왔다. 주주 가치라는 명목으로, 연기금과 뮤추얼펀드뿐만 아니라 개인 투자자들도 헤지펀드가 이사회에 압력을 가해 자사주 매입과 자산 매각을 통해 '가치를 띄우도록' 하는 데 동조해왔고, 기업의 책임과 윤리에 대한 질문에는 은근슬쩍 눈을 감았다. 개정된 규제 덕분에 미국의 기업들은 표준적인 주주 중심의 모델에 다가갈 수 있었고, 가장 중요하게는 비즈니스 세계의 지성인들이 주주 최우선의 이데올로기를 옹호했다. 때로 매력적이지 않음에도 불구하고 투자자와 경영자 모두 한결같이 주주 가치의 사고를 비즈니스 세계의 필수적인 토대로 받아들였다.

존 메이너드 케인스John Maynard Keynes는 유명한 말을 했다. "경제학자와 정치사상가의 사상은 옳건 그르건 간에 우리가 생각하는 것보다 훨씬 강력하다. 사실 이 세상은 극소수에 의해 움직인다. 현장에 있는 사람들은 자신이 어떤 지성의 영향에서 상당히 벗어나 있다고 믿지만, 항상 죽은 경제학자의 노예일 뿐이다." 냉정하게 볼 때 주주 가치 이데올로기는 죽은 경제학자의 사상이 남긴 흔적일 뿐이다. 그것은 미국의 기업법과 모순되고 상장기업의 경제적 구조를 제대로 담아내지도 못하며 설득력 있는 실증적 증거도 부족하다. 귀납적인 토대를 구축하지 못할 뿐 아니라 연역적인 모순으로도 가득 차 있다. 특히 주주 가치 이데올로기만이 유일하게 가치 있는 것이라고 전제하는 주주는 근시안적이고 신뢰할 수 없으며 자기 파괴적이고 사회적 양심이라고는 없는 존재이다.

그럼에도 불구하고 브루킹스 연구소의 보고서에 의하면 매력적으로 간결한 내용이라는 이유로 여전히 로스쿨과 경영대학원, 경제학과에서 주주 최우선주의를 가르치고 있다. 보고서의 저자가 썼듯이 "만약 학교에서 특정한 일련의 가치와 접근법을 강조하면 그 여파는 몇십 년간 이어질 수 있다. 이 가치가 비즈니스 리더와 법조인들의 행동 지침을 정하고, 전문 협회의 표준을 설정하며, 정책을 결정할 것"이라는 면에서 안타까운 현실이다.[9]

다행인 것은 전문가들 사이에서 주주 가치 신조가 퇴조하는 중이라는 신호가 감지된다는 사실이다. 토머스 쿤의 표현을 다시 빌리면, 주주 최우선주의 패러다임은 쇠퇴 중이고 대안적인 패러다임들이 떠오르고 있다. 이 책에서는 새롭고 더 세밀한 기업의 목적과 주주의 이해관계에 대한 이론들을 살펴보았다. 이런 대안들이 가진 공통점은, 서로 다른 주주들이 각기 다른 이해관계와 가치를 가지고 있음을 보임으로써 '주주 가치'와 주주의 복리가 반드시 연결되어 있는 것은 아님을 밝힌다는 점이다. 또한 각기 다른 주주들의 상충하는 이해관계 사이에서 균형을 잡도록 경영자에게 재량을 주는 것이, 엄격하게 주주 최우선의 원칙만을 고수하는 것보다 장기적으로 결국 투자자 전체의 이익에 훨씬 도움이 될 수 있다는 것을 보여준다.

그 과정에서 주주 가치에 대한 새로운 생각은, 적어도 실무적인 관점에서 상장기업의 목적에 대해 한 세기 동안 지속되어온 대논쟁을 풀어가려는 긴 여정을 향한다. 전통적인 주주 최우선주의는 지적 실패라는 위기에 직면했다. 그 위기에서 살아남기 위해서는 주주가 기업에 진정으로 원하는 것이 무엇인지를 새롭고 더 복합적이고 더 미묘하게 이해할 수 있도록 발전시켜야 한다. 그것을 이해한다는 의미는, 측정하기 쉬운 유일한 목표로 기업의 '목적'을 정의하는 것은 불가능하며, 특정 기업의 목적은 규제 기관이나 판사나 교수나 개인 주주나 어떤 주주 그룹이 아니라 이 사회에서 가장 잘 결정하리라는 점을 인정하는 것이다. 그 이사회는 (판례법이 적시한 대로) '기업과 그 주주들' — 장기 투자 주주, 이해관계자들을 먼저 배려하고자 하는 주주, 분산 투자하는 주주, 친사회적인 주주를 모두 포함해 — 의 최선의 이익을 위해 책임을 다할 의무가 있다. '주주'의 본질에 대한 이해를 이렇게 넓혀나가야만 투자자뿐 아니라 나머지 우리 모두에게도 이롭다.

옮긴이 후기

기업 지배 구조를 공부하는 경영학자로서 이 책을 처음 만났을 때의 충격은 엄청났다. 이 책의 1장에서 묘사한, 기업 지배 구조와 관련된 몇 가지 변수를 가지고 기업의 성과를 설명하려고 안간힘을 쓰는 경영학자의 모습이 바로 나의 모습이었기 때문이다. 학생들에게 대리인 이론을 기반으로 기업의 이윤 추구 모델을 가르치면서도 '주주의 부 극대화'가 과연 제대로 된 기업의 목적이라고 할 수 있을까 하는 의심을 늘 품어왔다. 주주 가치에 대한 맹목적인 추구가 문제 있다는 비판은 최근에야 시작된 것은 아니지만 정확히 무엇이 잘못되었는지를 체계적으로 깊이 있게 파악한 저서는 드물었다.

이 책의 저자인 린 스타우트 교수는 법학자의 관점에서 상장기업의 주주가 왜 기업의 주인이 아닌지, 기업이 주주의 부만을 우선시해 추구하면 어떤 심각한 문제가 발생할 수 있는지를 법학뿐만 아니라 경제·경영학적인 폭넓은 지식을 바탕으로 논리적으로 설명하고 있다. 특히 법학 전공자임에도 불구하고 경제·경영학 이론에 대한 통찰력이 매우 놀랍다.

한 가지 분명히 해야 할 점은, 이 책의 내용이 주가에만 초점을 두는 오늘날의 주주 가치 극대화 기업 모델을 비판하는 것이지, 자본주의 시장 경제의 비즈니스와 기업 자체를 부정적으로 보는 것은 아니라는 점이다. 저자는 2011년 호주 뉴사우스웨일스 대학에서 한 기업 지배 구조 강연을 다음과 같이 시작한다. "오늘 토론 주제에서 제가 주장하려는 방향 때문에 많은 사람이 저를 공산주의자가 아닐까 짐작하는 경향이 있습니다. 사실은 전혀 반대입니다. 저는 비즈니스를 흠모합니다.(I adore businesses!) 저는 비즈니스에 아주 깊이 관여하고 있습니다. 비즈니스가 없었다면 오늘과 같은 성공적인 사회가 존재할 수 없었을 것이라고 믿습니다." 이처럼 이 책의 관점은 건설적인 비판을 통해 우리 사회에서 상장기업의 바람직한 경제 모델을 고민해보자는 데 있다.

저자에 따르면 상장기업은 주주에게 소유될 수 있는 대상이 아니라 독립된 '법인'으로서, 주주와는 단지 계약 관계를 맺을 뿐이다. 많은 사람이 상장기업의 경영권에 영향을 줄 수 있는 정도의 지분을 소유한 창업자 또는 그 가족을 기업의 주인으로 인식하는 경향이 있는데, 법적 의미에서 전혀 그렇지가 않다는 것이다. 보다 많은 사람이 이 사실을 명확히 인식한다면 오늘날 한국 사회에서 벌어지고 있는 오너 일가의 '갑질'이 윤리적 관점에서뿐 아니라 법적 관점에서도 얼마나 잘못된 행태인지 이해할 수 있을 것이다. (오해는 하지 말아주시기 바란다. 저자의 표현을 빌리면, 방금 대주주 가족을 비판한 것 때문에 내가 반재벌주의자가 아닐까 생각할 수 있지만, 나는 개인 또는 가족 대주주의 존재 자체가 나쁘다고 생각하지 않는다. 오히려 투명하고 합리적인 경영 의사 결정이 전제된다면 개인 대주주는 기업이 단기적 주가에만 몰입하지 않고 장기적 기업 가치를 높일 수 있도록 단기 투자 펀드의 압력으로부터 이사회와 경영진을 보호하는 데 중요한 역할을 할 수 있다고 믿는다.)

나는 이 책이 강조하고자 하는 가장 중요한 포인트는 바로 "결론"에서 이야기하는 '균형'이라고 생각한다. 우리 한국 사회는 그동안 하나의 목표를 달성하기 위해 다른 많은 관점이 희생되는 것을 당연하게 여겨왔다. 경제 성장을 위해서 환경 생태계 파괴, 인권 침해, 계층 간·지역 간 불균형 등의 문제는 논의에서 쉽게 배제되었고, 맹목적으로 추구한 경제적 목표를 달성한 후에도 희생된 대상에 대한 보상은 없이 다음 경제 성장 목표가 세워졌다. 기업에서의 의사 결정도 크게 다르지 않다. 단기간의 주식 가격 극대화를 향해 무비판적으로 달려가면서, 다른 이해관계자들의 이해는 최소화해야 할 비용으로 취급해왔다. 하지만 이 책에서 저자가 밝히듯이, 상장기업의 의사 결정에 이해관계사들의 관점을 반영하는 것은 주주의 선의로 베풀어주는 배려가 아니라 이사회와 경영진이 사회적 가치를 추구하기 위해 반드시 거쳐야 할 절차이다. 이러한 관점이 우리 사회에 정착하기 위해서는 우선 상장기업의 주주를 올바로 인식해야 한다.

저자가 주주에 대한 인식을 전환하기 위해 해온 노력은 학문적인 데 그치지 않고 유니버설 펀드Universal Fund 운동을 통해 실제로 기업 의사 결정에 영향을 주려는 노력으로 이어졌다. 유니버설 펀드 운동의 방향은 저자가 다른 두 명과 함께 쓴 책《시민 자본주의: 유니버설 펀드가 어떻게 우리 모두를 위해 영향을 끼치고 소득을 올릴 수 있나Citizen Capitalism: How a Universal Fund can Provide Influence and Income To All》에서 구체적으로 소개되었다. 하지만 안타깝게도 저자는 암으로 투병하며 이 책을 집필하던 중 2018년 4월 세상을 떠났다. 더 이상 그녀의 새로운 연구와 저작을 접할 수 없는 것이 매우 아쉽지만 이 책을 포함한 학문적 성과는 기업 지배 구조의 연구와 현실에서 더 바람직한 기업 활동이 자리 잡는 데 계속 기여할 것이다.

이 책이 출판된 시기가 2012년이니, 집필된 시기는 그보다 조금 앞서서 2008년 서브 프라임 사태를 극복하려고 한창 힘쓰던 때였다. 당시 미국을 포함한 전 세계 주식시장이 위축되어 있어서, 이 책에서 보여준 저자의 주장은 책이 출판된 시기에 매우 설득력 있게 전달되었을 것이다. 그런데 2017년에 도널드 트럼프가 대통령으로 취임하면서 미국의 경제 정책에 상당한 변화가 있었다. 그 후 트럼프 행정부의 친기업적 성향과 'The Great America'라는 모토를 앞세운 미국 우선주의로 미국 기업들은 호황을 맞았고, 이 책의 한국 출간을 앞둔 2021년 현재, 코로나 사태로 인해 유례없는 경제 위기를 겪을 수도 있을 것이라던 예측과는 달리 많은 미국 상장기업의 주가가 사상 최고치를 경신하고 있다. 거시적인 관점에서 분명 오늘날 미국의 사업 환경은 사회적 가치보다 경제적 가치에 중심을 두고 있는 것으로 보인다. 표면적으로 바라보면 현재 시점에서 이 책의 내용이 과연 맞는가 하는 의문이 들 수도 있다. 하지만 오늘날의 경제 상황을 생각하면 나는 왜 이 책에 등장하는 '다이너마이트로 하는 낚시'가 자꾸 떠오르는 것일까?

기업을 공부하는 경영학자로서 나도 오늘의 주가에 의존하는 주주 가치 극대화의 기업 모델이 우리 경제 체제 안에서 기업 활동의 지침 역할을 하는 데 한계에 직면했다는 저자의 주장에 전적으로 동의한다. 경영학 분야의 가장 권위 있는 저널 중 하나인

〈경영학회 리뷰Academy of Management Review〉는 2020년 7월에 발간된 계간호의 편집자 서문 "왜 우리는 이해관계자 지배 구조 이론이 필요한가 – 그리고 왜 이 이론이 어려운 문제인가Why we need a theory of stakeholder governance – And why this is a hard problem"라는 글을 통해서, 주주의 부 극대화가 실제로 기업 가치를 극대화하지 않을 수 있다는 점을 지적하고, 경영학에서 이해관계자의 이익을 함께 고려하는 이론 정립의 필요성을 역설하기도 했다. 이러한 논의들은 지금 우리 사회가 새로운 상장기업의 가치 모델을 얼마나 절실하게 필요로 하는지 보여주는 의미 있는 증거이다. 이 책을 통해 더 많은 논의가 진행되고, 보다 넓은 층의 사회 구성원들이 우리에게 필요한 기업의 가치 모델을 고민해보고 토론할 수 있기를 기대한다.

2021년 4월 우희진

주석

서론

1   BP 사 딥워터 호라이즌 원유 유출과 해양 굴착 사고 진상 조사를 위한 국가 위원회, *Deep Water: The Gulf Oil Disaster and the Future of Offshore Drilling* (January 2011).

2   같은 보고서, 2.

3   같은 보고서, 218.

4   Henry Hansmann and Reinier Kraakman, "The End of History for Corporate Law," 89 *Georgetown Law Review* 439 (2001).

5   David Weild and Edward Kim, "A Wake-Up Call for America," Grant Thornton Capital Market Series 1 (November 2009).

6   John Kao, *Innovation Nation: How America is Losing Its Innovation Edge, Why It Matters, and What We Can Do to Get It Back* (New York: Free Press 2007). Information Technology and Innovations Foundations의 한 연구가 결론 내린 바, 1999년부터 2009년 사이 40개 선진국과 개발도상국을 대상으로 한 연구에서 "지난 10년간 미국은 국제 경쟁력과 혁신의 개선에서 40개 국가/지역 중에서 가장 적은 발전을 보였다." Robert D. Atkinson & Scott Andes, *The Atlantic Century: Benchmarking EU & U.S. Innovation and Competitiveness* (February 2009).

7   국가 위원회, *Deep Water*, 229.

8   Francesco Guerrera, "Welch Condemns Share Price Focus," *Financial Times* (March 12, 2009).

9   Iman Anabtawi, "Some Skepticism About Increasing Shareholder Power," 53 *University of California Los Angeles Law Review* 561, 564 (2006).

10 "Capitalism's Waning Popularity: Market of Ideas: A Global Poll Shows an Ideology in Apparent Decline," *Economist* 70 (April 9, 2011).

1장

1   Adolf Berle and Gardiner Means, *The Modern Corporation and Private Property* (New Brunswick, U.S.A. and London: Transaction Publishers, 1991, originally published 1932).

2   William W. Bratton and Michael L. Wachter, "Shareholder Primacy's Corporatist Origins: Adolf Berle and 'The Modern Corporation,'" 34 *Journal of Corporation Law* 99, 100–103 (2008).

3   William T. Allen, Jack B. Jacobs and Leo E. Strine, Jr., "The Great Takeover Debate: A Meditation on Bridging the Conceptual Divide," 69 *University of Chicago Law Review* 1067 (2002).

4   Berle and Means, *The Modern Corporation.*

5   Adolf A. Berle, "Corporate Powers as Powers in Trust," 44 *Harvard Law Review* 1049 (1931).

6   E. Merrick Dodd, "For Whom Are Corporate Managers Trustees?" 45 *Harvard Law Review* 1148 (1932).

7   Adolf A. Berle, *The 20th Century Capitalist Revolution* (New York: Harcourt, Brace, 1954), 169.

8   Milton Friedman, "The Social Responsibility of Business is to Increase Its Profits," *New York Times Magazine* 32 (September 13, 1970).

9   Michael C. Jensen and William H. Merkling, "Theory of the Firm: Managerial Behavior, Agency Costs and Ownership Structure," Vol. 3, No. 4 *Journal of Financial Economics* 305 (October, 1976).

10 Steven M. Teles, *The Rise of the Conservative Legal Movement: The Battle for Control of the Law* (Princeton, New Jersey and Oxford: Princeton University Press, 2008) 216.

11 Brian J. Hall, "Six Challenges in Designing Equity-Based Pay," 15 Accenture Journal of Applied Corporate Finance (2003) 23, cited in Jill E. Fisch, "Measuring Efficiency in Corporate Law: The Role of Shareholder Primacy," 31 *Journal of Corporation Law* 639 n.5 (Spring 2006).

12 Lucian Bebchuk and Jesse M. Fried, *Pay without Performance: The Unfulfilled Promise of Executive Compensation* (Cambridge, Massachusetts: Harvard University Press, 2006).

13 Jeffrey N. Gordon, "The Rise of Independent Directors in the United States, 1950–2005: Of Shareholder Value and Stock Market Prices," 59 *Stanford Law Review* 1529, 1530 (2007).

14 Henry Hansmann and Reinier Kraakman, "The End of History for Corporate Law," 89 *Goergetown Law Review* 439 (2001).

15 Hansmann and Kraakman, "The End of History," 440-441.

16 같은 논문, 468.

17 Margaret M. Blair, "Post Enron Assessments of Comparative Corporate Governance" (2002), http://papers.ssrn.com/sol3/papers.cfm?abstract_id=316663.

2장

1 Tina Rosenberg, "A Scorecard for Companies with a Conscience," *New York Times* (April 4, 2011), http://opinionator.blogs.nytimes.com/2011/04/a-scorecard-for-companies-with-a-conscience. 유사하게 〈타임〉 지 칼럼니스트인 조 노세라Joe Nocera도 "미국의 기업을 운영하는 경영자들은 주주를 위한 이익을 극대화해야 할 선관주의의무를 가지고 있다"라는 주장에 근거해서 GE가 법인세 제도의 허점을 무자비하게 이용하는 것을 옹호한 바 있다. Joe Nocera, "Who Could Blame GE?" *New York Times* (April 4, 2011), www.nytimes.com/2011/04/05/opinion/05nocera.html.

2 Marjorie Kelly, *The Divine Right of Capital: Dethroning the Corporate Aristocracy* (San Francisco: Berrett-Koehler Publishers, 2001, 2003), 54.

3 Joel Bakan, *The Corporation: The Pathological Pursuit of Profit and Power* (New York, London, Toronto, Sydney: Free Press, 2004).

4 Dodge v. Ford Motor Co., 170 N.W. 668 (Mich.1919).

5 Einer Elhauge, "Sacrificing Corporate Profits in the Public Interest," 80 *New York University Law Review* 733, 772-75 (2005).

6 같은 논문, 684.

7 예를 들어 다음을 보라. Stephen M. Bainbridge, "Director Primacy: The Means and Ends of Corporate Governance," 97 *Northwestern University Law Review* 547, 574-75 (2003); Joel Bakan, The Corporation 36; Marjorie Kelly, The Divine Right of Capital 52-53.

8 Blackwell v. Nixon, Civ. A. No. 9041, 1991 WL 194725, at *4 (Del. Ch. Sept. 26, 1991).

9 컬럼비아 특별구의 연방 항소법원은 2011년 증권거래위원회가 상장기업에 '의결권 대리 위임장 접근' 규칙을 허용하려는 것을 막았다. 이 규칙은 특정 주주가 의결권 대리 행사를 홍보하는 데 기업 자금을 사용할 수 있도록 허용해주는 것이다. *Business Roundtable et al. v. Securities and Exchange Commission*, No. 10-1305 (D.C. Cir., july 22, 2011).

10 Delaware General Corporation Law, Section 102 (2011).

11 Lynn A. Stout. "Why We Should Stop Teaching Dodge v. Ford." 3 *Virginia Law & Business Review* 163 (2008).

12 Delaware General Corporation Law, Section 101 (2011).

13   Stout, "Why We Should Stop Teaching," 169.

14   같은 논문.

15   같은 논문, 170.

16   Margaret M. Blair and Lynn A. Stout, "A Team Production Theory of Corporate Law," 85 *Virginia Law Review* 247, 293 (1999).

17   Unocal Corp. v. Mesa Petroleum Co., 493 A.2d 946 (1985).

18   Shlensky v. Wrigley, 95 Ill. App.2d 173,237 N.E.2d 776 (1968).

19   Air Produts and Chemicals, Inc. v. Airgas Inc., Civ. 5249-CC, 5256-CC (Del. Ch., Feb. 15,192011) 92, citing Paramount Communications Inc. v. Time, Inc., 571 A.2d 1140, 1150 (Del. 1990).

20   Revlon, Inc. V. MacAndrews & Forbes Holdings, Inc., 506 A.2d 173 (Del. 1986).

21   Lynn A. Stout, "Why We Should Stop Teaching Dodge v. Ford." 3 *Virginia Law & Business Review* 163, 171-172 (2008).

3장

1   William T. Allen, Jack B. Jacobs and Leo E. Strine, Jr., "The Great Takeover Debate: A Mediation on Bridging the Conceptual Divide," 69 *University of Chicago Law Review* 1067 (2002); Margaret M. Blair and Lynn A. Stout, "A Team Production Theory of Corporate Law," 85 *Virginia Law Review* 247 (1999); Einer Elhauge, "Sacrificing Corporate Profits in the Public Interest," 80 *New York University Law Review* 733 (2005); D. Gordon Smith, "The Shareholder Primacy Norm," 23 *Journal of Corporation Law* 277 (1998).

2   Henry Hansmann and Reinier Kraakman, "The End of History for Corporate Law," 89 *Georgetown Law Review* 439 (2001).

3   고전적인 사례로 다음을 보라. Lucian Bebchuk and Jesse M. Fried, *Pay without Performance: The Unfulfilled Promise of Executive Compensation* (Cambridge, Massachusetts: Harvard University Press, 2006).

4   Martin Lipton and Paul K. Rowe critique this view in "Pills, Polls, and Professors: A Reply to Professor Gilson," 27 *Delaware Journal of Corporate Law* I (2002).

5   증권거래위원회가 상장기업에 '의결권 대리 위임장 접근' 규칙을 허용하려 하자 연방법원이 제지했다. *Business Roundtable et al.v. Securities and Exchange Commission*, No. 10-1305 at 12 (D.C. Cir., July 22, 2011).

6   밀턴 프리드먼 또한 그의 베스트셀러 *Capitalism and Freedom* (Chicago, Illinois: Univer

sity of Chicago Press, 1962)에서 이러한 관점을 표한 바 있다.

7   Roger Martin, *Fixing the Game: Bubbles, Crashes, and What Capitalism Can Learn from the NFL* (Boston, Massachusetts: Harvard Business Review Press, 2011), 11.

8   Richard A. Posner and Kenneth E. Scott, *The Economics of Corporation Law and Securities Regulation* (Boston and Toronto: Little, Brown and Company, 1980), 39–56.

9   Frank H. Easterbrook and Daniel R. Fischel, *The Economic Structure of Corporate Law* (Cambridge, Massachusetts and London: Harvard University Press, 1991).

10   Hansmann and Kraakman, "The End of History," 468.

11   Fischer Black and Myron Scholes, "The Pricing of Options and Corporate Liabilities," 81 *Journal of Political Economy* 637 (1973).

12   Easterbrook and Fischel, *The Economic Structure of Corporate Law*, 36–37.

13   Lynn M. LoPucki, "The Myth of the Residual Owner: An Empirical Study," *Washington University Law Quarterly* 1341, 1343 (2004).

14   Lynn A. Stout, "Bad and Not-So-Bad Arguments for Shareholder Primacy," 75 *Southern California Law Review* 1192–95 (2002).

15   Delaware General Corporation Law, Section 170 (2011).

16   같은 문서.

17   Delaware General Corporation Law, Sections 108, 170 (2011).

18   American Law Institute, Restatement (3d) of Agency, Section 1.01 (2006).

19   Delaware General Corporation Law, Section 141 (2011).

20   Robert Charles Clark, *Corporate Law* (Boston and Toronto: Little Brown, 1986), 95.

21   Margaret M. Blair and Lynn A. Stout, "Team Production Theory of Corporate Law," 85 *Virginia Law Review* 247, 303 (1999).

22   Lynn A. Stout, "Bad and Not-So-Bad Arguments for Shareholder Primacy," 75 *Southern California Law Review* 1189, 1203–124 (2002).

23   Hansmann and Kraakman, "End of History," 443 (따옴표는 저자 추가).

24   Frank H. Easterbrook and Daniel R. Fischel, *The Economic Structure of Corporate Law* (Cambridge, Massachusetts and London: Harvard University Press, 1991), 38.

25   Mark J. Roe, "The Shareholder Wealth Maximization Norm and Industrial Organizations," 149 *University of Pennsylvania Law Review* 2063, 2065 (2001).

4장

1   Renee Adams and Daniel Ferreira, "One Share-One Vote: The Empirical Evidence," 12 *Review of Finance* 51 (2008).

2   Valentin Dimitriv and Prem C. Jain, "Recapitalization of One Class of Common Stock into Dual-Class: Growth and LongRun Stock Returns," 12 *Journal of Corporate Finance* 342 (2006).

3   Sanjay Bhagat and Bernard S. Black, "Independent Directors" (2008).

4   Sanjay Bhagat and Richard H. Jefferis, *The Econometrics of Corporate Governance Studies* (Cambridge and London: MIT Press, 2002); Lawrence Brown and Marcus Caylor "Corporate Governance and Firm Operating Performance," 32 *Review of Quantitative Finance and Accounting* 129 (2009).

5   같은 논문.

6   "Schumpeter: Corporate Constitutions: The World Knows Less about What Makes for Good Corporate Governance Than It Likes to Think," *Economist* 74 (October 30, 2010), www.economist.corn/node/17359354.

7   예를 들어 다음을 보라. Dan R. Dalton, et al., "The Fundamental Agency Problem and Its Mitigation;" 1 *Academy of Management Annals* 1–64 (December 2007).

8   Roberta Romano, "The Sarbanes Oxley Act and the Makings of Quack Corporate Governance," 114 *Yale Law Journal* 114 (2005).

9   Sanjai Bhagat, Brian Bolton and Roberta Romano, "The Promise and Peril of Corporate Governance Indices," 108 *Columbia Law Review* 1814 (2008).

10   Business Roundtable et al.v. Securities and Exchange Commission, No. 10–1305 at 12 (D.C. Cir., July 22, 2011).

11   예를 들어 헤지펀드에 대한 한 연구는 "헤지펀드는 단기 성과에 초점을 두지 않는다"라고 결론을 내렸는데, 헤지펀드가 주식을 보유하는 기간의 중간값이 12개월에서 20개월이기 때문이다. Alon Brav, et al., "Hedge Fund Activism, Corporate Governance, and Firm Performance," Vol. 63, No. 4 *Journal of Finance* 1731 (2008).

12   Margaret M. Blair, "Shareholder Value, Corporate Governance, and Corporate Performance: A Post-Enron Reassessment of the Conventional Wisdom," 61 (2003).

13   Jeffrey N. Gordon, "The Rise of Independent Directors in the United States, 1950–2005: Of Shareholder Value and Stock Market Prices," 59 *Stanford Law Review* 1529, 1530 (2007).

14   Roger Martin, *Fixing the Game: Bubbles, Crashes, and What Capitalism Can Learn from the NFL* (Boston, Massachusetts: Harvard Business Review Press, 2011), 63.

15 씨티은행의 로비가 1999년 Gramm-Leach-Bliley 법안이 통과되는 데 핵심적인 역할을 했다. 이 법안으로 은행 관련 규제가 풀려 2008년 금융위기의 원인 중 하나가 되었다고 언급되어왔다. Financial Crisis Inquiry Commission, *Final Report of the National Commission on the Causes of the Financial and Economic Crisis in the United States* (New York: Public Affairs, 2011), 55. 비슷하게, 엔론은 2000년 Commodity Futures Modernization(원자재 선물 현대화) 법안이 통과되도록 로비했는데, 이 법안 역시 파생 상품 시장의 규제를 완화하여 금융위기의 원인이 되었다고 언급된다. Lynn A. Stout, "Deriatives and the Legal Origin of the 2008 Credit Crisis," 1 *Harvard Business Law Review* 1, 26 (2011).

16 David Weild and Edward Kim, "Wake-Up Call for America," Grant Thornton Capital Market Series 1-2 (November 2009).

17 John C. Coates, "Explaining Variation in Takeover Defenses: Blame the Lawyers," 89 *California Law Review* 1301, 1397 (2001).

18 Jennifer G. Hill, "Then and Now: Professor Berle and the Unpredictable Shareholder," 33 *Seattle University Law Review* 1017 (2010).

19 미국 상장기업의 약 20퍼센트만이 정기적으로 배당금을 지급해왔는데, 이는 영국 기업의 절반 수준이다. Stephen P. Ferris, Nilanjan Sen, and Ho Pei Yui, "God Save the Queen and Her Dividends," 79 *Journal of Business* 1149-1150 (2006).

20 효율적 시장 가설에 대해서 다음을 보라. Lynn A. Stout, "The Mechanisms of Market Efficiency: An Introduction to the New Finance," 23 *Journal of Corporation Law* 635 (2003).

5장

1 Stout, "Mechanisms," 635.

2 같은 논문.

3 John Quiggen, *Zombie Economics: How Dead Ideas Still Walk among Us* (Princeton, New Jersey and London: Princeton University Press (2010).

4 Fischer Black, "Noise," 41 *Journal of Finance* 533 (1986).

5 William W. Bratton, "Hedge Funds and Governance Targets," 95 *Georgetown Law Review* 1375, 1410 (2007).

6 Leo E. Strine, Jr., "One Fundamental Corporate Governance Question We Face: Can Corporations Be Managed for the Long Term Unless Their Powerful Electorates Also Act and Think Long Term?" 66 *Business Law* 1, 11 (2010).

7 연방준비위원회에 따르면, 기업 지분의 약 36%는 일반 개인이 소유하고 25%는 뮤추얼

펀드가, 17%는 민간과 정부 연금 펀드가 소유하고 있다.

8   Aspen Institute Business and Society Program, *Overcoming Short-Termism: A Call for a More Responsible Approach to Investment and Business Management* (September 9, 2009).

9   John C. Bogle, "Reflections on the Evolution of Mutual Fund Governance," Vol. 1, No. 1 *Journal of Business & Technology Law* 47 (2006).

10   Stout, "Mechanisms," 651-69.

11   John R. Graham, Cam Harvey, and Shiva Rajgopal, "Value Destruction and Financial Reporting Decisions," 62 *Financial Analysts Journal* 27-39 (2006).

12   Stout, "Mechanisms," 647-48.

13   Bratton, "Hedge Funds," 1401.

14   Martin Lipton, "Takeover Bids in the Target's Boardroom," 35 *Business Lawyer* 104 (1979) (강조는 생략함).

15   예를 들어 ISS는 적대적 기업 인수를 용이하게 하기 위해 항상 시차 이사회 제도의 폐지를 주장하며, 경영진의 임금과 주가를 연동하는 형태의 성과에 따른 보상을 지지해왔다.

16   Roger Martin, *Fixing the Game: Bubbles, Crashes, and What Capitalism Can Learn from the NFL* (Boston, Massachusetts: Harvard Business Review Press, 2011), 12-13.

17   같은 책, 21-23.

18   같은 책, 193.

19   Gena Chon et al., "Activists Pressed for Kraft Spinoff," *Wall Street Journal* (August 5, 2011), http://online.wsj.com/article/SB10001424053111903454504576487720348267828.html.

20   Bratton, "Hedge Funds," 1410, 1419.

6장

1   Harold Demsetz, *The Economics of the Business Firm: Seven Critical Commentaries* (Cambridge: Cambridge University Press, 1995), 50.

2   Demsetz, *The Economics of the Business Firm*, 51.

3   Margaret M. Blair, "Locking In Capital: What Corporate Law Achieved for Business Organizers in the Nineteenth Century," 51 *UCLA Law Review* 404 (2003).

4   Henry Hansmann and Reinier Kraakman, "The Essential Role of Organizational Law," 110 *Yale Law Journal* 404 (2000).

5 　Margaret M. Blair and Lynn A. Stout, "A Team Production Theory of Corporate Law," 85 *Virginia Law Review* 247, 303 (1999).

6 　다른 주주들에 비해서 뮤추얼펀드는 자신들이 지분을 소유한 기업의 인수 제한 제도를 없애려는 움직임을 지지하는 경향이 있다. "ICI Defends Mutual Fund Voting Record," Vol. 8, No. 10 *Investor Relations* 15 (October 2008).

7 　Andrei Shleifer and Lawrence H. Summers, "Breach of Trust in Hostile Takeovers," in *Corporate Takeovers: Causes and Consequences* (Alan J. Auerbach ed.) (Chicago and London: University of Chicago Press, 1988), 35, 49–50.

8 　Henrick Cronqvist, et al., "Do Entrenched Managers Pay Their Workers More?" 64 *Journal of Finance* 309 (2009); Andrew Von Nordenflycht, "The Public Corporation–Friend or Foe of Professional Ethics? Ownership and Ethics in Securities Brokerage," http://papers.ssrn.com/sol3/papers.cfm?abstract_id=1819339 (April 22, 2011).

9 　MetLife, *9th Annual Study of Employee Benefits Trends* 3, 9, 15 (2011).

10 　영국의 가장 큰 기업 10개 중 6개가 금융업 또는 원자재 추출업이다. "Top Ten Most Valuable Companies in the FTSE 100: In Pictures," *The Telegraph* (March 10, 2011).

11 　Mark Atherton, "BP–Is Your Pension Safe?," *Sunday Times* (June 11, 2010).

7장

1 　William W. Bratton, "Hedge Funds and Governance Targets," 95 *Georgetown Law Review* 1375, 1425 (2007).

2 　같은 논문.

3 　James P. Hawley & Andrew T. Williams, *The Rise of Fiduciary Capitalism: How Institutional Investors Can Make Corporate America More Democratic* (Philadelphia: University of Pennsylvania Press, 2000).

4 　2011년 11월, CalPERS는 자산이 2011년 8월 31일 기준으로 2,360억 달러라고 밝혔다.

5 　Matteo Tonello, "Hedge Fund Activism: Findings and Recommendations for Corporations and Investors," Conference Board Research Report R-1434-08, 11 (2008).

6 　Bratton, "Hedge Funds," 1377-1378. 행동주의 펀드에 대한 또 다른 연구는 일반적으로 "헤지펀드는 잠재적인 인수 기업의 주주로서 거래 성사를 막기 위해 노력해왔다"라는 결론을 내렸다. Marcel Kahan and Edward B. Rock, "Hedge Funds in Corporate Governance," 155 *University of Pennsylvania Law Review* 1034 (May 2007).

8장

1   "Percentage of Americans with Stock Hits Eleven Year Low, Gallup Says," *Huffington Post* (April 21, 2011), www.huffingtonpost.com/2011/04/21/stock-market-us-real-estate-gallup_n_851786.html

2   Lynn Stout, *Cultivating Conscience: How Good Laws Make Good People* (Princeton and Oxford: Princeton University Press, 2011), 98.

3   Einer Elhauge, "Sacrificing Corporate Profits in the Public Interest," 80 *New York University Law Review* 793 (2005). 상위 25% 임금 노동자를 대상으로 실시한 2011년 설문에서, 미국에서는 거의 절반에 해당하는 응답자가 밀턴 프리드먼의 주장인 '기업의 유일한 사회적 책임은 이익을 늘리는 것'에 동의하지 않는다고 밝혔다. "Attitudes to Business: Milton Friedman Goes on Tour," *Economist* 63 (January 29, 2011).

4   다음을 보라. www.sristudies.org/Key+Studies.

5   SRI 포럼은 2011년 현재 미국에서 전문적으로 관리되는 펀드 8달러 중 1달러가 사회적 책임을 추구하는 펀드라고 추정한다.

6   Elhauge, "Sacrificing Corporate Profits," 733.

7   같은 논문, 792.

8   Stout, *Cultivating Conscience*, 94.

9   같은 책, 118.

10 Elhauge, "Sacrificing Corporate Profits," 800-801.

11 Joel Bakan, *The Corporation: The Pathological Pursuit of Profit and Power* (New York, London, Toronto, Sydney: Free Press, 2004), 37, 60.

12 Ian B. Lee, "Corporate Law, Profit Maximization, and the 'Responsible' Shareholder," 10 *Stanford Journal of Law, Business and Finance* 71 (2005).

13 Ivar Kolstad, "Why Firms Should Not Always Maximize Profits," Vol. 76, No. 2 *Journal of Business Ethics* 143-144 (2007); Forum for Sustainable and Responsible Investment, "Performance and Socially Responsible Investment."

결론

1   Louis K. Liggett Co. et al. v. Lee, Comptroller et al., 288 U.S. 517 (1933) 548, 567.

2   Cynthia L. Estlund, "Working Together: The Workplace, Civil Society, and the Law," 89 *Georgetown Law Journal* 1, 3-5 (2000).

3   Darrell West, *The Purpose of the Corporation in Business and Law School Curricula* (Brookings, July 19, 2011).

4   Nassim Nicholas Taleb, *The Black Swan: The Impact of the Highly Improbable* (New York: Random House, 2007), 69.

5   Michael C. Jensen, "Value Maximization, Stakeholder Theory, and the Corporate Objective Function," 12 *Business Ethics Quarterly* 238 (April, 2002).

6   같은 논문, 235.

7   William T. Allen, "Our Schizophrenic Conception of the Business Corporation," 14 *Cardozo Law Review* 261, 280 (1992).

8   Iman Anabtawi, "Some Skepticism About Increasing Shareholder Power," 53 *University of California Los Angeles Law Review* 561, 564 (2006).

9   West, *The Purpose of the Corporation*, 3.

찾아보기

주주 자본주의의 배신
주주 최우선주의는 왜 모두에게 해로운가

초판 1쇄 2021년 4월 30일

지은이 | 린 스타우트
옮긴이 | 우희진
기획 및 감수 | 정승일

펴낸곳 | 북돋움coop(북돋움출판협동조합)
펴낸이 | 상현숙
디자인 | 채홍디자인

신고 | 2020년 7월 30일 제25100-2020-000056호
주소 | 서울시 마포구 잔다리로7안길 41, 101호
전화 | 02-6369-0715
팩스 | 0303-3447-0715
블로그 | http://blog.naver.com/bookddcoop
이메일 | bookddcoop@naver.com

ISBN | 979-11-971422-4-6 (03320)

* 책값은 뒤표지에 있습니다.
* 파본이나 잘못된 책은 구입한 서점에서 바꿔드립니다.